便利店商业战略丛书（一）

便利店的企业战略

Enterprise Strategic of Convenience Store

（日）白井宪治 ◎ 著
智乐零售商学院策划组 ◎ 译
乐　明 ◎ 审订

北京·旅游教育出版社

前　言

　　日本便利商店的黎明期，始于20世纪60年代后半段。当时，批发商凭一己之力，在黑暗中不断摸索着前进，将日本传统的小杂货店——万屋（よろずや）①打造成了便利商店的雏形。

　　1974年，日本大型连锁超市伊藤洋华堂引入美国7-11便利店，在日本国内发展得顺风顺水，成为日本最初的近代便利店。初次试水尝到甜头后，越来越多的大型日本零售企业采取与美国零售企业合作的方式，将便利店的经营诀窍带入日本，这即是日本近代便利店的导入期。眼看着势力范围被蚕食，日本国内的批发商们为抵御大环境的冲击，相继构建出属于自己的便利店体系。到20世纪80年代，日本国内已涌现出数十个不同品牌的便利店。一时间，日本便利店行业呈现出百花齐放的繁盛局面。

　　这段时期，是日本便利店行业的高速成长期。它们并非单纯地模仿美国，而是已然形成了日本独有的商业模式。不少便利店企业拥有500多家门店，从盈利方面来说，已达到上市准入线。这些便利店企业先后提交上市申请，最终，共有8家企业完成上市。

　　1990年日本经济泡沫崩溃后，便利店行业步入了成熟期。2000年左右，拥有200~300家门店的小规模便利店企业陆续被大企业吞并。2010年，不仅是有着500多家门店的中等规模便利店企业，甚至坐拥5000家门店的准大型便利店企业也在残酷的竞争中败下阵来，最终被更大的企业兼并，行业走向寡头化。随后，便利店行业整体进入衰退期。

---

　　① 日本传统小杂货店，一般开在车站前或街角，出售各种食品和生活杂货。因为种类繁杂，所以又被戏称为"万能店"。

便利店的企业战略

如上所述，日本的便利店行业依次经历了黎明期、导入期、成长期以及成熟期，如今，正走向衰退期。"**便利店商业战略**"系列丛书，希冀基于上述生命周期，阐述非模仿美国，而是日本独有的便利店在经过摇篮期、成长期后，是怎样一步步发展成为独立产业的。

另外，本书还深入探讨了这样一个问题：当前正从成熟期进入衰退期的日本便利店企业，在举步维艰的艰难环境中是如何做到存活和延续的？本书以40多年的时间轴为依据探讨所谓"便利店的不易流行"[①]。若本书内容对正在从导入期进入成长期的中国便利店行业能够有所帮助，实乃幸事。

[①] "不易流行"，出自日本江户时期的著名俳句家松尾芭蕉（1644—1694年）的创作美学。"不易"意为不改变，无论世间怎么变化都坚持不变的真理；"流行"指的是根据当下的风尚和感受而不断变化的东西。两者看似矛盾但终极相结合。这句话也成为影响了日本很多事物、包括企业经营在内的一种哲学和美学理念。

目录 Contents

/ 前 言 /　001

第 1 章　便利店产业概要

/ 人均 GDP 引发零售业的兴起 /　003
/ 东亚、东南亚便利店市场的发展空间 /　025
/ 日本便利店的经营业绩 /　032
/ 便利店的利润结构指标 /　060

第 2 章　便利店事业框架

/ 便利店的企业战略 /　073
/ 便利店的小商圈战略 /　081
/ 便利店的集中开店战略 /　086
/ 便利店的轻资产经营 /　089
/ 便利店的 FC 商业模式 /　100
/ 便利店的平台 /　111
/ 便利店网络系统的构建 /　121

第3章 便利店的业态（事业领域）

/ 其他业态的事业领域 /　131
/ 便利店的事业领域 /　146
/ 便利店卖什么商品 /　151
/ 便利店把商品卖给谁 /　158
/ 便利店怎么卖商品 /　160

第4章 便利店的新业态开发

/ 新服务内容的开发 /　167
/ 新业态的开发 /　172
/ 新业态之百元便利店 /　178
/ 新业态之女性便利店 /　196
/ 新业态之店内烹调型便利店 /　202
/ 新业态之混搭型便利店 /　205
/ 新业态开发的成果 /　208
/ 新业态开发今后的方向 /　213

/ 后　记 /　224

第 1 章　便利店产业概要

/ 人均 GDP 引发零售业的兴起 /

/ 东亚、东南亚便利店市场的发展空间 /

/ 日本便利店的经营业绩 /

/ 便利店的利润结构指标 /

第1章 便利店产业概要

/人均 GDP 引发零售业的兴起/

1. 人均 GDP 和零售业态的兴衰

①面向因产业革命诞生的新兴富裕阶层的百货商店兴起

②面向因经济大萧条导致的贫困阶层的平价超市兴起

③第二次世界大战后，社会变得富裕，便利店因其便捷性开始兴起

④日本的百货店、超市、便利店分别于 1904 年、1957 年、1974 年诞生

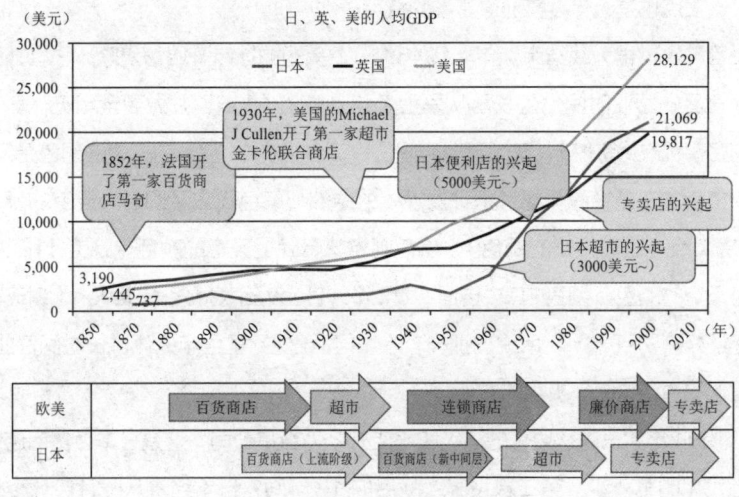

人均 GDP 引发零售业态的兴起

据日本总务省资料制作

便利店的企业战略

零售业的近代化是伴随着西欧产业革命共同发展的。产业革命后,社会上诞生了一批富裕的中产阶层。在他们的需求推动下,1852年,法国巴黎出现了一家名为"马奇(Marche)"的百货商店。在产业革命的带动下,越来越多的商品专卖店出现在街头,而将各种专卖店汇集到一处的大型店铺,即是百货商店,其英语名"Department store",即为分散店铺的集合体之意。

1929年,全球失业浪潮来袭,恐慌气氛在世界范围内蔓延,人们渴望能用低廉的价格买到生活所需品。1930年,率先嗅到商机的Michael J Kullen在美国纽约开了第一家面向平民的平价超市——金卡伦(King Kullen)。"金"一词取自当时爆红的电影《哥斯拉》中的金刚(King Kong)的"金(King)"。为确保低价销售,金卡伦超市采用了一种全新的销售模式:将传统零售行业的面对面销售、赊销、送货到家等特点转变为自助购买、现金支付、顾客持货回家。这三点也是近代零售业最基本的特点。

第二次世界大战结束翌年(1946年),美国的冰店开始售卖除冰块以外的其他食品,营业时间也延长至从早上7点到晚上11点,并做到全年无休。商店的名字也改为7-11,意指营业时间从早7点至晚11点。店招牌的颜色是绿、红、橙色的三条横纹,绿色象征沙漠中的绿洲、红色代表黎明时分天空的颜色(早晨7点开业时天空的颜色)、橙色则意味着晚上天空的颜色(晚上11点关门时天空的颜色)。正如其广告语"Thanks Heaven, Seven Eleven(谢天谢地!还好有7-11!)"所说的那样,7-11真正做到了全年无休、长时间营业,给人们的生活带来了极大的方便。

1904年,三越从原来的高级和服店升级为百货公司,这是日本百货商店迈向近代化的第一步。第二次世界大战后的10年间,日本经济从一片废墟上开始慢慢复苏。1955年,日本迎来了大量生产、大肆消费时代,面向大众的平价超市也应运而生。1962年,时任美国总统的肯尼迪在美国超市协会创立25周

第1章 便利店产业概要

年大会上发表祝词演说,他说道:"美国和苏联在生活富裕层面的不同,主要是超市和配给商店的不同。美国显然更加富裕,这要归功于超市的功劳。"来自日本的超市经营者们,在听到肯尼迪总统如此简单、直白、振奋人心的话语之后,暗暗立下决心,一定要把超市做强做大,并发誓一起加油,让日本人民的生活走上富裕的轨道。

1974年,伊藤华堂与美国7-11达成合作,成立了日本7-11,开创了非自然演变而来的日本近代便利店的新模式。

之前,作为大型综合商超的伊藤洋华堂每次在不同地方开新店时,都会遭到当地商店店主们的群力抵抗,这让常务董事铃木敏文一度束手无策。一次,铃木敏文到美国考察流通业时,发现了小型便利商店7-11,引起了他极大的兴趣,并决定将其作为解决当时日本众多小微零售企业生存的办法引入日本。在"大规模、低价格"店铺大行其道的时代,伊藤洋华堂却将目光锁定在了"小规模、高价格"的小型店铺上。其原因就是伊藤洋华堂当时开店遇到重重阻碍,从而引发他们认真思考零售业的出路,并将帮助小微零售业生存下去作为使命,所以才着手发展与芸芸超市逆向而行的便利店事业。

当时,无论是大型综合超市,还是小型便利商店,它们的目光都不狭隘。在开创事业之前,他们都没有把自身企业利益作为第一考虑要素。大型超市的夙愿是"创造更加富裕的社会",而便利店的目的是"探索小微零售业态的生存之道"。这种不以自身利益为优先,而是投身于一种社会事业的使命感,是极为重要的。

古时候,日本的商人秉承"三方好(得益)"的传统观念,即"买方好、卖方好、社会好"。另外,荀子在《荣辱篇》中所倡导的"先义后利[①](义为先、利其次、

---

① 原文为:荣辱之大分,安危利害之常体:先义而后利者荣,先利而后义者辱。

遵者荣")，常被商人们当作家训。所以，在大多数经商者们的心目中，"义""社会责任"是远远高于一切的。因此，即便近代的百货商店、大型超市、便利商店多有向欧美零售业学习的地方，但正因为坚持自古传承下来的优良商训，近代发展起来的这些零售业态才得以很快被大众接受，企业才得以把事业做大做强。

日本零售行业中有这样一条衡量标准：当国民富裕了，人均GDP达到3,000美元时，超市兴旺；人均GDP达到5,000美元时，便利商店兴旺。

但最近，东南亚的人均GDP达到1,000美元时，超市和便利商店也都非常红火。这是因为新的零售技术的出现，即便人均GDP低一些，这些零售业态也可以成立。

2. 日本家庭消费支出和近代零售业的兴衰

①战前的贫困时期，面向富裕阶层的百货商店企业开始成长

②20世纪60年代以后，老百姓生活水平提高，以大量销售为商业模式的综合型超市诞生

第二次世界大战之前，日本坚持走富国强兵道路，国民生活一度陷入困境。如下图所示，每5年的消费支出增长率最高时不过3%~4%，赶上不好的年景，甚至会出现倒退。最初支撑起零售业的，还是蔬菜店、鱼店以及卖食品和杂货的万屋等这些前近代零售业态，占据了零售业的大半个江山。只有百货商店算是近代零售业。1904年，江户时代的高级和服店越后屋[①]模仿英国老牌百

[①] 在日本江户时代，商人的商行喜欢叫"某某屋"。越后，是日本古代的令制国之一，属北陆道，亦称越州，越后国的领域相当于现在的新潟县。"越后屋"是一家从越后地区出来的商人家族，以印染业为主。据说"招财猫"就是这家的故事。

第1章 便利店产业概要

货商店哈罗德百货（Harrods），成立了三越百货公司，并在报纸上发表了"百货公司宣言"。广告语让人眼前一亮：今日帝剧，明日三越。帝剧是日本的顶级剧院，并不是普通老百姓能消费得起的地方。由此可见，三越百货将主要顾客群体瞄准了当时的有钱人。

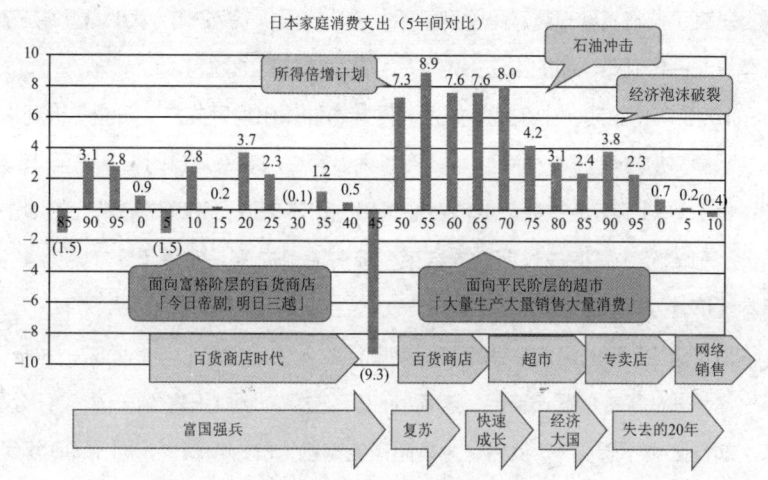

日本家庭消费支出和近代零售业的兴衰

据日本总务省资料制作

第二次世界大战后，日本吞下战败的苦果。在吉田内阁"战争失败了，外交不能输"的方针下，日本把国防交给美国，成为轻军备国家，全力发展经济，并取得了显著成果，消费支出增长高达8%。

1956年，日本经济白皮书发表评论称"已然不是战后"，认为之前的经济过快增长有点"打肿脸充胖子"。不久，《日美安全保障条约》修订，日本国内哗声一片。为安抚民众，日本政府再次以经济增长为目标，出台了"所得倍增论"政策。在该政策的引领下，重工业成为投资重点，地方产业的教育扶持政策也取得喜人成绩。1956年之后，消费支出增长率再次达到8%。

便利店的企业战略

彼时，日本国民所得大幅增加，大量生产、大肆消费时代到来。"春江水暖鸭先知"，最先察觉到环境发生变化的，是大型超市的创业者们。战后很长一段时间内，零售业的王者都是百货商店，其他人只能望其项背。这时，大荣（DAIEI）超市迅速崛起，主售平价商品，并用略带揶揄三越百货的语气，在报纸上发表了"看货到三越、购物到大荣"的广告语。1972年，大荣成功将三越从零售业销售额第一名的宝座上拉下马，成为新的行业翘楚。

1973年，第四次中东战争爆发，国际石油输出组织成立，石油危机到来，石油从原来的1美元1桶涨到4美元1桶。第二次石油危机时，暴涨至16美元1桶。这对于资源贫瘠、依赖石油进口的日本来说，无疑是非常大的冲击。自此，日本经济高速成长期宣告结束，经济增速由原来的每年8%降为4%，日本经济转入稳定成长期。

日本近20年的经济高速增长，使国民收入大幅提高。与此同时，对于千篇一律、一成不变的超市商品，老百姓们从视觉和心理上已感到厌倦，"什么都有，却什么也不想买"。此后，大型超市的购物人群慢慢减少，到1990年代，大型商超时代结束，专卖店的出现填补了消费者对于商品多样性的需求，专卖店的时代到来。

在零售史上很长一段时间里，实体店一直君临天下。然而从1995年互联网元年以后，人类正式踏入信息社会，无店铺网络销售发展势头迅猛，大多数实体店铺都感受到了前所未有的危机。为顺应时代趋势，实体店铺陆续采取全渠道销售策略（Omni-Channel retailing），开始在网络上销售商品。但是，仅仅这样做是远远不够的。因为，逆转败局的根本，并不只是将销售渠道改为网络销售，更重要的是能拿出顾客们心仪的商品。把开发自主商品与销售集于一体的优衣库正是看清了局势，将顾客需求、网络销售很好地结合在一起，作为"信息型制造零售业"，在互联网销售的巨浪冲击下做到了屹立不倒。

第1章 便利店产业概要

3. 不同业态的兴衰

①在大型卖场大行其道时代，小规模便利店通过集中化解个体顾客的不满而获得市场

②在低价取胜的大环境中，便利店以并不便宜的价格有针对性地吸引有需求的个体顾客，从而赢得了市场

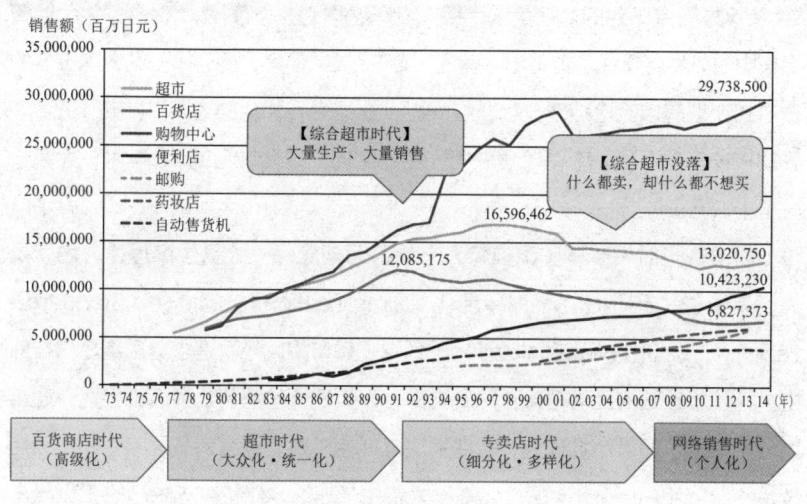

不同业态的兴衰

据日本各业界资料制作

第二次世界大战前后很长一段时间内，百货商店稳居零售业第一名的宝座。但是，百货商店的商业模式是仅仅将卖场租给品牌厂商供其卖货，百货商店本身并不开发自己的产品。并且，百货商店的各个分店并没有建立健全统一的进货管理系统，也就是并没有形成连锁店体系。这样的缺点导致企业无法发挥规模效应。这致命的短板迫使百货商店在时代更迭中，没能顺应大众消费的潮流，最终不得不将零售业王者的宝座拱手相让于超市。

便利店的企业战略

而超市的创始者们及早地意识到大众消费时代的到来,他们把之前的传统营生及时转变为囊括衣食住等商品的销售行业,并努力使其发展成为一种产业,最终蜕变成为大型综合超市。1968 年,我还是一名在校大学生,犹记得当年市场学教授看到大荣超市的墙面上写着一行字:Self Service Discount Department Store(SSDDS,自助服务廉价百货店)。当时,教授这样说道:"大荣这样写是不对的。在美国,根本没有这样的业态存在。"但是,大荣的董事长中内先生硬是成功塑造出了美国不存在的、"便宜、便利、一站式购齐"的日本式新型超市。这种新业态一经问世,立即受到大众的追捧,并在 1972 年成功挤掉三越百货,夺得零售业第一名的宝座。在此之后的 28 年内,大荣一直牢牢占据王位。

超市在当时沿袭了美国福特汽车的经营理念——大量生产理论,也就是人们常说的"3S"理论,即单纯化(Simplification)、标准化(Standardization)、专业化(Specialization)理论。超市将此经营理念运用到零售行业中,构建出量贩的经营框架。除此之外,为实现低价销售、多店铺经营,超市还分别秉承了超级市场理论(自助销售、现金支付、顾客持货回家)和连锁店理论(总部和门店分工明确)。基于大量生产理论,福特汽车生产的 T 型汽车因为价格亲民而深得消费者青睐。如此深得民心的一款产品,但是当消费者需求多样化后还是不能够满足人们的消费需求。最终,福特败给了能及时对应人们多样化需求的通用汽车公司。同样,超市一直坚持商品统一化,最终败给了能够满足顾客多样化需求的专卖店。另外,原本作为平价卖场的超市一般管理费严格管控在 15% 以内。但随着员工薪金逐年递增、豪华店铺建设费增加、场地租金提高(从原来选取车站后面的二类立地慢慢变成车站前面的一类立地),管理费随之上升超过 20%。如此一来,超市赖以为生的低价策略就行不通了,最终只能从低价销售业态转为囊括衣食住所有品类的全方位购物模式,之后又

第1章 便利店产业概要

进一步发展成集各种店铺于一体的一站式购物中心的模式。后来，超市通过经营改革，虽然有了一些起色，但还是应了那句老话"任何事业的寿命，不超过30年"，大多数超市都已是穷途末路。行业翘楚大荣超市也因多元化经营搞得阵脚大乱，不得不接受产业再生机构的援助，最终在2004年破产。勉强存活下来的永旺（AEON）和伊藤洋华堂的境况也好不到哪儿去，经营连年赤字，挣扎在破产线的边缘。

由于管理费大幅提高，超市不得不放弃低价策略，转向中等价格销售策略，从而放弃了30万亿日元的低价格带市场，而后不同品类的大型廉价专卖店乘虚而入。另一方面，超市的货品几乎全部依赖于批发商，没有自主研发的商品。而大型廉价专卖店作为SPA（speciality store retailer of private label apparel），即制造零售业商，既能够自主研发生产商品，又能够维持低价销售。随后，日元不断升值，由原来的1美元合360日元涨至1美元合90日元，海外进货价格越来越便宜。1990年代，《日美构造协议》签署，在美国的强烈要求下，新店开设规制也逐渐放开。在这种情况下，外国零售巨头开始进入日本市场。新店开设规制放开后，不但使得外国资本可以更轻易地打入日本市场，也让日本国内的大型廉价专卖店（山田电机、优衣库、NITORI家居）发展更加顺利，新店开设速度变得更快。在政策的刺激下，大型廉价专卖店获得了飞速成长。

至此，业态虽然在不断更迭，但主流仍然是实体店铺，一直到近年来网络销售兴起。实体店销售局限于店铺所处的商圈或地段，商品种类取决于所属商圈的大小和需求。这就导致了实体商店必须选择易销商品并排除滞销商品，这是实体店的营销法则。

而网络销售不受商圈的限制和束缚，可以把商品卖到日本全境，乃至全世界。因此电商可以备着所谓"长尾"的滞销货品，甚至可以将滞销品变为畅销品。这种"无论何人、无论何时、无论何地、无论什么都可以低价买到"的商业模式,以势如破竹的气势大肆攻城略地。

对于实体店铺来说,今后只能凭借网络销售无法办到的商业模式才能生存下去。

便利店的商业理念是"解决顾客随时随地产生的不便"。互联网时代,对便利店群体而言,今后最重要的事情,就是更加致力于"解决顾客随时随地产生的不便"。

4. 商业销售额

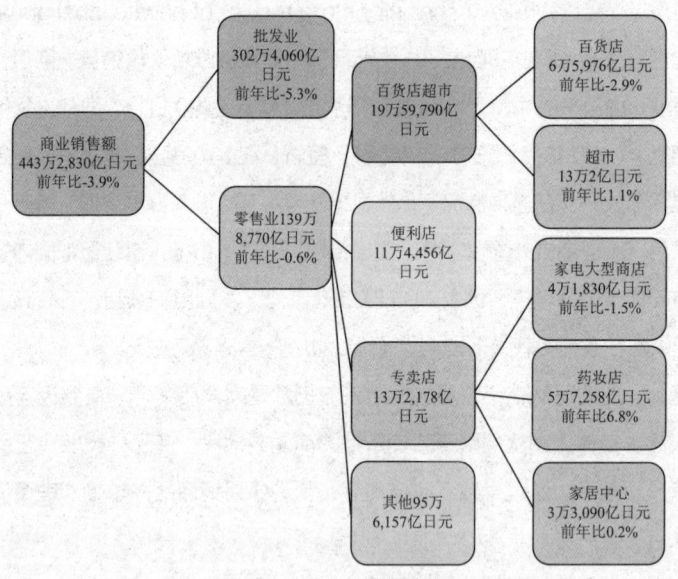

2016年日本商业销售额

据2016年日本经济产业省资料制作

第1章 便利店产业概要

2016年日本零售业的总销售额约为140万亿日元。其中，便利店的销售额约为11.4万亿日元，占8%左右，足以见其在零售业中的产业地位。

日本商业销售总额约为442万亿日元。其中，批发业销售额为302万亿日元，占70%左右。零售业总销售额占据剩余30%，约为140万亿日元。在日本，批发商一直非常强势，即便是大型超市、大型便利店，也无法绕过批发商，直接与生产商进行合作。批发业的销售额大概是零售业的2.2倍。大型零售商会与大型批发商直接合作。但是，剩下的大多数中小规模零售商往往只能通过从一级批发到二级批发、再到三级批发的途径才能拿到商品。其结果就是，在日本，商品要经批发商多次倒手，才能到达零售商手中。如果把流通过程比作一个完整的圆圈的话，商品大概要经过2.2圈才能抵达零售商。而在美国，这一过程仅需1.3圈。批发商在日本流通业中的分量比美国要大很多，所以人们经常批评日本流通业的合理化进程走得太慢。

江户时代流传着一种俗话：批发商要你咋样你就得咋样。的确，批发商拥有强大的话语权。

1962年，东京大学的林周二助教授在《流通革命》中论述了这样一个观点：随着大量生产、大量销售、大量消费时代的到来，中间批发商的存在是不合理的，是没有任何积极作用的，即批发商无用论。但是，批发商的存在，为刚刚开店的超市在选品、促销、物流、金融等方面提供了强有力的支撑，在背后为超市的惊人发展提供了帮助。随着超市从地区走向全国，批发商也在大型商社的庇护下，从地区批发商成长为全国批发商，进一步为超市在全国发展保驾护航。除此之外，批发商还为创业初期、配送效率较低的便利店提供物流支持。以前，在生产商特约经销店制度的限制下，批发商仅能为销售方提供某一个厂家的货品。后来，在便利店的要求下，批发商和生产厂家打破了制度束缚，配货不再受限制，这为便利店的备货和物流集约提供了很大的便利。除此之外，批发商还应便利店的要求,将对运送、储藏温度要求较高的货品,分为常温商品、冷藏商品、冷冻商品,实现了三个温度带的配送。通过以上案例,我们可以得知,批发商在超市刚刚兴起时,是伴随着满足超市的需求成长的,而后,又在不断满足便利店需求的过程中发展壮大。批发商所具备的这种灵活、强大的适应力,是对"批发商无用论"最强有力的反驳。他们通过自身的不断努力,终于在流通业中牢牢地确立了自己的地位。

被多数人认为"无用"的批发商,他们非常清楚能够为哪一方提供怎样的服务,方才得以在时代变迁中屹立不倒。另外,日本的小型零售商店非常多,而采用一级、二级、三级批发的形式,得以把商品送到日本的各个角落,也是合理的。

从批发业的发展历程来看,无论哪个行业,只要能审时度势,切身实地地站在顾客角度考虑,并为其提供所需要的服务,那么,他就能够在风浪中安然无恙。反之,将从时代舞台上消失殆尽。日本的批发业就是一个极好的实例。

5. 日本的便利店

日本主要的便利店企业

标识	公司名	母公司	创立时间	店铺数	销售额(百万日元)	当期利润(百万日元)	上市企业	备注
	7-11	7&i(综合零售公司)	1974年	19,851	4,515,605	144,151	○(HD)	
	全家	伊藤忠(商社)	1973年	17,969	3,070,800	-21,899	○(HD)	合并经费
	罗森	三菱商事(商社)	1975年	13,111	2,027,504	19,088	○	
	MINISTOP	永旺(综合零售公司)	1980年	2,255	340,492	89	○	

第1章 便利店产业概要

续表

标识	公司名	母公司	创立时期	店铺数	销售额（百万日元）	当期利润（百万日元）	上市企业	备注
	Daily山崎	山崎面包（面包生产商）	1977年	1,426	169,000			
	Seico MART	丸ヨ西尾（食品批发商）	1974年	1,188	165,900			北海道第一便利店
	Seico MART	国分（食品批发商）	1978年	520				
	NewDays	JR（铁路公司）	1997年	450	96,900			JR车站内
	Three-f	富士超市（超市）	1979年	438	67,995	-722	○	与罗森合作
	Poplar	独立公司	1974年	425	56,927	-533	○	与罗森合作
	Saveon	Beisia（超市）	1984年	341	52,600			与罗森合作

据2016年日本各企业资料制作

便利店行业趋于成熟后，中小规模、准大型便利店企业因经营不善逐渐被更大型的便利店企业兼并。

在日本便利店行业的黎明期，批发商们在黑暗中不断摸索，以日本的万屋为原型，打造出了Mamimart（1969年开业）、Cocostore（1971年开业）、Seicomart（1974年开业）、Poplar（1974年开业）等小型商店，这是便利店最早的雏形。

1974年，伊藤洋华堂与美国的7-eleven合作，在日本开了本土化的7-11。翌年，当时的零售业第一名大荣超市与美国罗森牛奶（LAWSON'S MILK）合作，在日本开了罗森便利店。1980年，美国的Circle K公司与日本UNY株式会社联手，在日本开了Circle K便利店。

另一方面，日本大型超市企业西友并没有参照美国便利店的经验，而是凭一己之力开了一家试水性质的便利店——全家。除西友外，还有几家超市企业没有选择与美国企业合作，而是自己在日本开了便利店。比如，富士超市的3F

便利店的企业战略

（1979年开业）、长崎屋的 Sunkus（1980年开业）、永旺（原佳世客）的 MINISTOP（1980年开业）、伊势屋的 Saveon（1984年开业）。石油公司里的共同石油也与美国的 ampm 合作，开了 ampm Japan 便利店（1990年开业）。

一时间，便利店纷纷涌现，这给日本的零售业带来了不小的冲击。面包厂商山崎面包公司被迫将旗下的面包店改为便利店，并更名为 Daily 山崎（1977年开业）。食品批发商国分为了保护它的客户——酒水专卖店，也不得不创办了便利店 Community Store，于1978年开业。东日本铁路 JR 公司也在1997年将车站内的小卖铺改造成连锁便利店。

20世纪80年代，日本本土陆续出现了数十家便利店企业，呈现出百花齐放的局面。便利店在市场上一经露面，便抢走了大批小卖铺的顾客，迅速成长起来。达到了上市准入线500家门店的企业依次上市。最终，共有8家顺利成为上市企业。此后，便利店行业进入了白热化竞争时代。便利店是一个规模化效应极强的产业，那些只有200~300家门店的弱小企业，2000年左右，陆续被大型企业收购。

2010年前后，便利店行业已发展成为信息系统化产业。拥有500家店的中坚便利店企业也陆续在竞争中失利，被更大型的公司所吞并。便利店行业出现寡头化趋势。

现在，坐拥不到5,000家门店的准大型便利店企业由于支撑不了信息系统的庞大投资，也会相继被拥有1万家以上门店的超大型企业吞并。到最后，日本国内可能只剩下三个便利店巨头。

有着美国血统的便利店自1974年进驻日本后，当时的零售业评论家曾妄自断言说："日本和美国不一样，日本小卖店的数量有着压倒性的绝对优势，所以便利店模式一定会以失败告终。"其实，当时的人们会有这样的想法不足为奇。绝大

第 1 章　便利店产业概要

多数人的心里面是这样认为的：备货齐全、规模大、价格低的店铺正在不断获取胜利果实，货品不全、价格偏高的便利店一定会在这场竞争中失败的。那时，我刚刚参加工作，每天工作到晚上八九点钟下班后，总想吃点夜宵。可是，却发现根本没有夜间营业的餐馆、快餐店。想要去买些饼干、速食食品充饥，却怎么也找不到 24 小时营业的商店。在当时，我就坚定地认为，就算便利店的商品种类不多，价格也很贵，但是它的存在满足了单身年轻人在深夜时的需求，将来一定会成功。结果也的确如我所料，24 小时营业的便利店为年轻人带来了时间上的极大方便。最后，在那些大评论家的瞠目结舌中，便利店一步步走向胜利的巅峰。

便利店由于规模太小，不具备大型超市的集客能力，所以，它不得不主动靠近客户，随时做出改变和调整，这也是便利店在 40 多年发展历程中，不断做出变革的原因。

达尔文在《进化论》中这样写道："最终在这个世界上存活下来的生物，是最强大的生物吗？不是！是最聪明的生物吗？不是！答案是：能够及时适应环境改变的生物！"的确如此，便利店正是对不断变化的环境做出相应的调整，才能够在漫长的岁月中坚不可摧。

便利店源自美国。在美国，它的作用仅仅是向过路司机出售便宜的汽油和饮料。而来到日本后，它从一开始为年轻人提供"时间的便利性"，再到后来成为"消除顾客随时随地产生的不便"的标志性场所，最终将成为一种"社会基础设施"，为地区居民解决各种生活中的问题。日本特有的便利店行业另辟蹊径，最终走向成功。

日本的便利店没有照搬美国模式，而是形成了日本特有的风格，确立了牢固的产业地位。

今天，日本的便利店正站在道路的分岔口，是即将由成熟期走入衰退期还是会迎来第二次成长？让我们拭目以待。

6. 日本零售业的销售额排名

①永旺和7&i作为复合型零售企业，分别占据零售业销售额的第一名和第二名

②单体销售额排名：第一、7-11；第二、全家；第三、罗森

③迅销（优衣库）排在第六名，销售额增长率较高

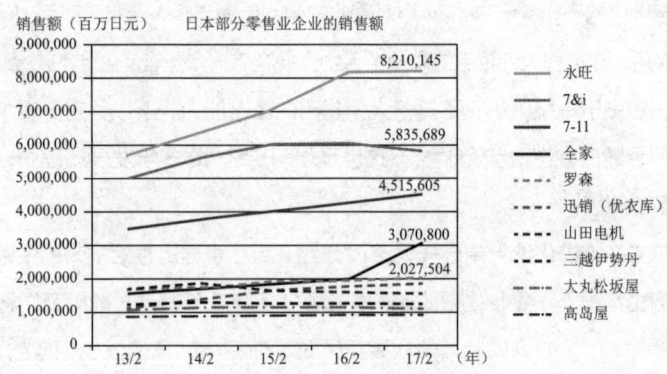

日本零售业的销售额排行

排名	公司名	业态	2016年度销售额（百万日元）
1	永旺	综合零售业	8,210,145
2	7&i	综合零售业	5,835,689
3	7-11	便利店	4,515,605
4	全家	便利店	3,070,800
5	罗森	便利店	2,027,504
6	迅销（优衣库）	服装专卖店	1,861,917

第1章 便利店产业概要

续表

排名	公司名	业态	2016年度销售额（百万日元）
7	山田电机	电子产品店	1,563,056
8	三越伊势丹	百货店	1,253,457
9	大丸·松坂屋	百货店	1,108,512
10	高岛屋	百货店	923,601

据2016年各企业决算资料做成

从零售业销售额排行榜中，我们可以看到：1970年之前，以三越为首的百货商店一直稳居前列。1972年，大荣超市诞生15周年时，成功挤掉了三越排行榜第一名的位置。除大荣之外，伊藤洋华堂、永旺（原佳世客）、西友等超市也持续登上排行榜靠前的位置。

2000年，零售业销售额第一名易主，7-11换下大荣第一次登上王位，从此进入了便利店的时代。罗森、全家、Circle K都相继出现在零售企业排行榜上醒目的位置。

2005年，7-11便利店和伊藤洋华堂、西武百货、崇光百货合并成立7&i控股集团。在集团销售额排行榜上，7&i控股集团仅次于永旺控股集团，位于第二。但就单体销售额而言，7-11绝对是当之无愧的第一名。单体销售额第二名是全家、第三名是罗森。前三名全被便利店占据。

紧随其后的是专卖店杀手级企业：快消服装品牌优衣库、家电零售企业山田电机。

排在前十位后面的，是近年来发展势头迅猛的家居品牌NITORI和互联网零售企业日本亚马逊。

7. 日本便利店的生命周期

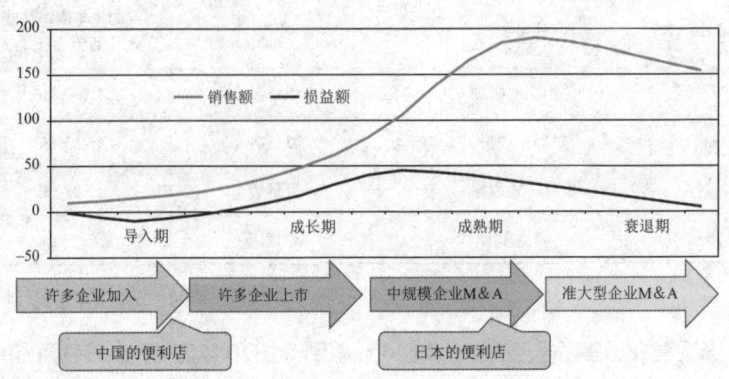

日本便利店的生命周期

在日本,有句话叫作"一事业 30 年"。这句话的意思是说每个行业都有生命周期,或长或短。显然,便利店也是有生命周期的。

1974—1980 年,是日本便利店的导入期。这一时期,日本国内先后出现了数十家便利店企业。

1980—2000 年是日本便利店的成长期,拥有 500 多家门店的便利店企业在经营指标上达到了上市标准,最终,共有 8 家企业上市成功。

2000—2010 年是日本便利店成熟期的前半程。各便利店企业以搏命的姿态在新业态开发上互相竞争,不足 200 家门店的小型便利店企业由于实力较弱,逐个被大型便利店企业兼并。

2010—2017 年是日本便利店成熟期后半段。拥有 500 家门店的上市企业,乃至拥有 5,000 家门店的准大型企业在系统投资竞争和规模竞争中失去优势,陆续被排在行业前三名的大型企业吞并。

今天,日本的便利店产业正从成熟期慢慢进入衰退期。2000—2010 年发生在新业态开发上的激烈竞争正演变为在新服务开发上一决生死的较量。

第1章 便利店产业概要

20多年前,日本超市步入衰退期,前三大超市全部面临经营赤字的窘况。同样,便利店企业的前三名也无法做到高枕无忧,他们需要将全部精力投入到业务精细化和新业态开发中去。

中国的便利店目前正处于由导入期向成长期过渡的阶段。这一时期的主要精力,应当放在积极开设门店实现规模效益上。但是,从业者们不应只是片面地追求门店数量,更不能照搬别国模式,而是应该找到符合中国国情的便利店商业模式,增强店铺销售能力。

日本的便利店在初创期,日销售额(一家店铺平均一天的销售额)约为25万6,000日元。现在排在第一位的7-11日销售额约为65万7,000日元,其店铺数量不仅多,且销售质量也不断在改善,从而有力助推了事业发展。

另外值得一提的是,日销售额的提升还会带来出店立地的增加,所以,日销售额的提升是质的改善,这才是最重要的。

8. 欧美零售业在日本的本土化措施

①美国的便利店:向过路司机出售汽油、香烟、饮料的快捷商店
②日本的便利店:以解决个人需求为主的商店
③中国的便利店:必须开发契合中国国情的新业态

欧美零售业的开发与日本便利店的本土化

项目	业态开发公司		日本的导入		
业态	开发年份	公司名	导入年	公司名	日本化内容
百货商店	1852年	马奇	1904年	三越	强化"待客"服务
超市	1930年	金卡伦	1957年	大荣	转型为综合超市

便利店的企业战略

续表

项目	业态开发公司		日本的导入		
业态	开发年份	公司名	导入年	公司名	日本化内容
便利店	1947年	7-11	1974年	日本7-11	日配食品·FF·服务升级
SPA	1986年	GAP		优衣库	开拓便装·休闲装市场
全渠道零售	2011年	梅西百货		7&i	未完成

流通业落后的日本，希望通过学习欧美现代零售经验来加快总体近代化的进程。但是，日本并没有一味地模仿、照搬，而是希望在满足本国消费者真正需求的基础上，走向现代化。

1904年，日本出现了第一家百货商店。江户时代的老字号高级和服店越后屋模仿英国老牌百货商店哈罗德百货，成立了三越百货公司。三越百货公司作为百货商店的先驱，在招待顾客方面，确立了一种日本特有的方法——"おもてなし"（日语中为"招待尊贵客人"的意思）。

在美国，超市仅为顾客提供食品。日本的超市诞生于1955年左右，是随着时代发展自然出现的。大荣超市的前身是药房、伊藤洋华堂的前身是洋货铺、永旺（原冈田屋、原佳世客）的前身是和服店。它们最早转型为廉价小型商铺，后来随着顾客需求的不断扩大，商品范围、种类不断累积，最终成了提供衣食住各种商品的大型综合超市。这种大型综合超市当时美国也没有，带有强烈的日本特色。在美国，便利店仅仅是向过路司机售卖便宜汽油、饮料的小商店。

与此同时，日本的便利店积极向美国学习先进的经验和理念。当时率先引入美国的7-11便利店的伊藤洋华堂的董事长铃木敏文回忆起当年的情形时说道："拿到美国的7-11运营手册一看，第一感觉是除了加盟合约部分，其他内容都用不上。如何发展日本的便利店，还得我们自己思考才行。"最后，日本便

第1章 便利店产业概要

利店将宗旨定位于"解决顾客随时随地的不便",这也是日本便利店赖以生存、发展的根基。它不像美国的便利店那样强调价格诉求,而是把经营重点放在了价格竞争之外的为消费者提供便利性上了。

美国快消时装品牌 GAP 开创了 SPA(specialty store retailer of private label apparel,自有品牌服装专卖零售商)模式,这为同行们提供了可参考的模板。日本的优衣库也采用了 SPA 模式,但不同的一点是,优衣库瞄准的不是款式多变的时装,而是服装领域中平日穿着的基本款市场。这一举措使优衣库在日本获得巨大成功。

在互联网销售日益风靡的同时,美国的梅西百货采取全渠道零售策略,即线上线下相结合的方式销售商品。在日本,业务内容涵盖超市、便利店、百货商店、专卖店在内的大型综合零售企业 7&i 控股集团也采取了全渠道零售策略,但结果并不理想。

但话说回来,如果没有好的产品,就算销售方法再好,也无济于事。所以,企业发展的重心仍要放在产品开发上。

9. 日本便利店的成功秘诀

> 沃尔玛从最初的非食品廉价商店转为囊括衣食住商品的廉价商店,并走向成功

	项目	美国	日本
超市	商品种类	以食品为主	涵盖衣食住全方面商品
	功能	(局限于高周转率的商品)	(提供一站式购齐服务)

美国和日本的超市比较

便利店的企业战略

	项目	美国	日本
便利店	理念	为过路司机提供必需品	解决顾客眼下不便
	顾客	过路司机	全部消费者
	位置	加油站内	所有位置
	商品种类	以饮料为主	能解决顾客眼下不便的商品
	服务类商品	无	全方位线下、线上服务
	价格	不输超市商品的超低价格	价格高于超市商品

> 美国的廉价商店在日本转型为解决不满型商铺，走向成功

美国和日本的便利店比较

日本的超市发展到最后，已不再像美国那样仅仅出售食品类商品，而是成为囊括衣食住各方面商品的大型综合超市。

美国也有像沃尔玛那样的，以非食品平价商超起家，然后发展成衣食住全品类的超大型平价综合超市，并夺得全世界零售业第一名的宝座。

美国的便利店仅仅是"向过路司机出售便宜商品"的小商店。而日本的便利店则以"为解决顾客们的不便"为目的开展事业。不照搬美国而是开发契合日本国情的业态是日本便利店的成功秘诀。首先，从立地上，美国的便利店只限于司机经常出没的地方，日本的便利店则成为在所有的地方面向所有需要"解决不便"的客户的商店。其次，从货品种类上分析，美国的便利店主要以司机为客户，出售以汽油、饮料等为中心的商品。而日本的便利店售卖"所有能为消费者解决不便的商品和服务"。最后，从价格方面看，美国便利店主要以超市为竞争对手，主打价格战，所以商品价格低廉。而日本的便利店摒弃价格战，而是以"解决不便"的服务内容取胜，商品售价反而比超市略高。

第 1 章　便利店产业概要

/ 东亚、东南亚便利店市场的发展空间 /

1. 东亚、东南亚便利店的市场发展空间

①从 GDP（市场规模）来看，北美、东亚、西欧占据前三名的位置。但是从经济增长层面来说，东南亚的经济有着巨大的发展空间

②中国的市场规模（圆形的大小）、人均 GDP（纵轴）、近代化率（横轴）都较高（见 P.027 图）

按地区划分，2014 年度世界各地区 GDP 统计结果如下：

第一名：美国所在的北美・中美地区（209,030 亿美元）；第二名：中国・日本所属的东亚地区（173,750 亿美元）；第三名：西欧地区（158,530 亿美元）。印度为首的南亚、东南亚的 GDP 较低，分别为 26,700 亿美元、25,180 亿美元。但是，南亚、东南亚的经济增长率高，发展空间巨大，预计 30 年后将达到现在欧美诸国的水平。

东亚、东南亚、南亚地区的经济刚刚开始腾飞，并且这里有着悠久的街边饮食文化，这样的商业环境非常有利于便利店事业的开展，前景不可估量。

便利店的企业战略

2014 年世界各地区 GDP 统计

单位：十亿美元

中北美	GDP	东亚	GDP	西欧	GDP
美国	17,947	中国	10,983	德国	3,358
加拿大	1,552	日本	4,123	英国	2,649
墨西哥	1,144	韩国	1,377	法国	2,422
总计	20,903	总计	17,375	总计	15,853

南美	GDP	东欧	GDP	中东	GDP
巴西	1,773	俄罗斯	1,325	土耳其	733
阿根廷	586	波兰	475	沙特阿拉伯	653
哥伦比亚	293	捷克	182	伊朗	388
总计	3,622	总计	3,178	总计	3,123

南亚	GDP	东南亚	GDP	非洲	GDP
印度	2,091	印度尼西亚	859	尼日利亚	490
巴基斯坦	270	泰国	395	埃及	331
孟加拉	206	马来西亚	296	南非	313
总计	2,670	总计	2,518	总计	2,216

大洋洲	GDP
澳大利亚	1,224
新西兰	172
总计	1,396

据 2014 年日本创部奖资料制作

第1章 便利店产业概要

2. 亚洲人均 GDP 和近代零售业的兴起

①在欧、美、日,人均 GDP 不低于 3,000 美元时超市兴起;人均 GDP 不低于 5,000 美元时便利店兴起;

②东亚、东南亚在人均 GDP1,000 美元上下时诞生了近代零售业

③2015 年度,中国的人均 GDP 为 8280 美元

欧、美、日等先进国家的人均 GDP 虽高达 4 万~5 万美元,但经济发展已趋成熟,未来成长空间不大。

东亚、东南亚诸国的人均 GDP 虽然不高,但是经济增速快,仍然有很大的发展空间。相信最快 10 年、最晚 30 年,东亚、东南亚诸国定会追赶上欧美日等先进国家的步伐。

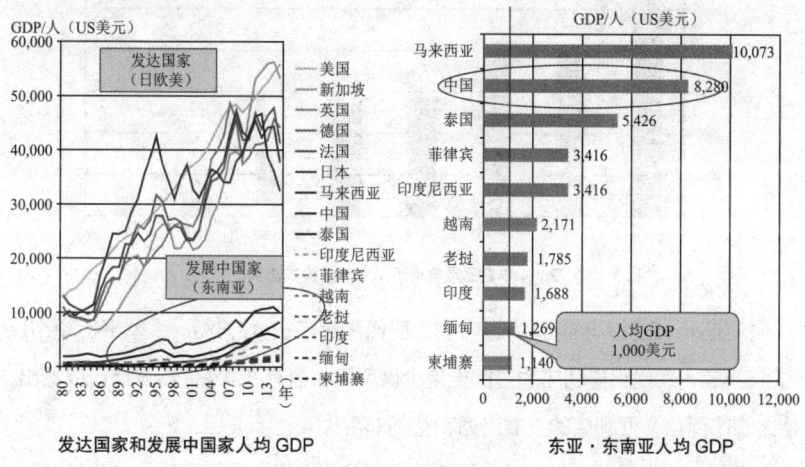

发达国家和发展中国家人均 GDP　　东亚·东南亚人均 GDP

据 2014 年日本总务省资料制作

在日本,人均 GDP 达到 3,000 美元时诞生了超市、人均 GDP 达到 5,000 美元时诞生了便利店。东南亚人均 GDP 虽然刚超过 1,000 美元,但是已经诞

生了现代零售业态。从这点来看,中国的便利店有着巨大的前景。

中国作为东方国家的排头兵,已走上大力发展经济的道路,力争在不久的将来,实现人均 GDP9,000 美元。中国庞大的市场为便利店的发展提供了肥沃的土壤。

3. 食品零售业不同业态的现代化率

①中国的食品超市正处于现代化进程中

②中国便利店的现代化进程起步较晚

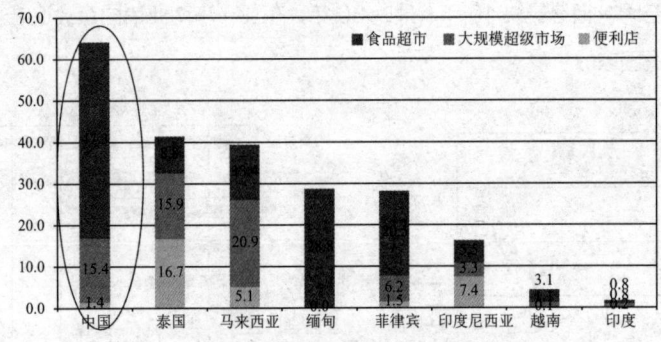

2014 年食品零售业不同业态的构成比例

据统计,2013 年中国的超市中,现代化超市占 47.3%,大型平价超市仅占 15.4%,现代化便利店的占比更是少得可怜,仅有 1.4%。从这点可以看出,相比超市而言,便利店的发展潜力和空间非常大。

泰国、印度尼西亚等发展中国家的便利店企业发展已初具规模。相较之下,中国的便利店已处于落后状态。

第1章 便利店产业概要

4. 市场规模和食品零售业现代化率的关系

①中国市场庞大,有着压倒性的优势,且现代化率较高

(欧美流通业率先打入)

②印度市场也很大,但现代化率偏低

(外资进入壁垒较高)

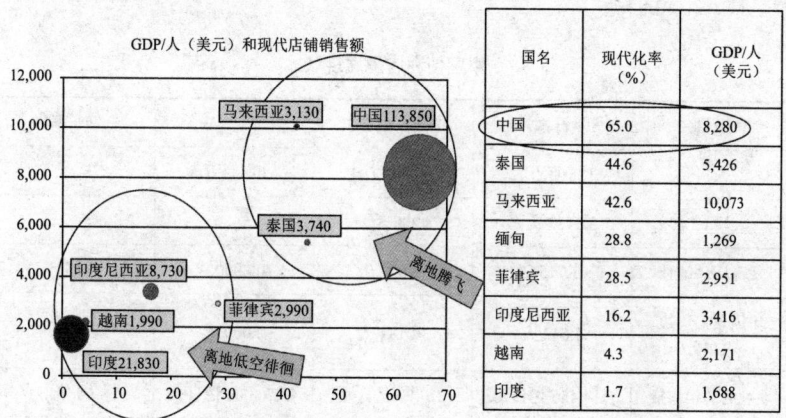

人均GDP和食品零售业的现代化率关系图

据2014年日本经济产业省资料制作

以2014年人均GDP作为纵轴、以2013年零售业现代化率作为横轴,其关系图如上所示。圆圈的大小代表国家总体GDP的多少。

中国、马来西亚、泰国的人均GDP较高,零售业现代化进程起步较早。其中,中国的GDP较其他国家有着压倒性的优势,为零售业的发展提供了良好的环境。

印度、印度尼西亚、菲律宾、越南的人均GDP及全国GDP数值偏低,零售业现代化率也不高。但未来30年发展空间巨大。

5. 中国便利店市场的发展前景无限光明

①中国国内现有9万8,000多家店,未来可增长至70万家店(7.1倍)

②目前每个店铺的日均销售额约为6万日元,未来可增长至50万日元(8.3倍)

③目前中国便利店行业总销售额约为2万1,400亿日元,未来可增长至127万亿日元(60倍)

中国便利店发展现状

项目	日本	中国(现在)	中国(未来)	增长率
人口	126百万人	1,390百万人	1,400百万人	
人均GDP	32,487美元	8,280美元		
便利店店铺数	61,715店	98,000店	700,000店	7.1倍
单店覆盖周边人口数	2,042人	14,184人	2,000人	
便利店总销售额	114,456亿日元	21,400亿日元	1,270,000亿日元	60倍
店日均销售额	470千日元	60千日元	500千日元	8.3倍

笔者预测

确立便利店的事业领域是走向成功的关键。首先要确立事业领域。要确立符合中国国情的便利店宗旨,即"卖什么?卖给谁?怎样卖?";其次要明确卖什么,即明确"即刻就能解决顾客不便"的商品和服务;再次要明确卖给谁,即卖给渴望立即解决个人需求的消费者;最后要解决怎样卖,也就是形成以厂家和店铺相结合的平台,以连锁加盟的形式销售。

日本的便利店发展至今,已走过40多个年头,现在处于成熟期。中国的便利店目前正处于从导入期进入成长期的阶段。在不久的将来,中国的便利店

第1章 便利店产业概要

将会极大可能获得高速发展,并迅速形成产业化。日本的便利店没有采用拿来主义,而是形成了属于自己的特有体系。中国的便利店要想走得更久、更远,也一定要尽快建立健全自己的便利店模式和运营体系。

在日本,每家便利店的平均客流量约为2,000人。如果中国能达到这个水平,按照中国的人口基数来算,中国便利店的数量将会从目前的9万8千家店铺,增至70万家店铺。日销售额如果能达到目前日本的水平,也会增长到近60万日元。按照人口比例来算,中国便利店的总年销售额将会由现在的2万亿日元达到127万亿日元。

在导入期,日本共出现数十家便利店企业,最后共有8家公司顺利进入股票市场。以日本为参考,中国的便利店在导入期将会涌现数百家大型企业,相信会有数十家企业获得上市资格,未来可期。

便利店的企业战略

日本便利店的经营业绩

1. 日本便利店店铺数量的变化

①日本经济泡沫崩溃之后的20年间，通货持续紧缩，这造成了客单价（每位客人购买商品金额的平均值）连年低下

②日本经济刚刚好转，2008年的金融危机又直接导致经济走向衰退

③东日本大地震前后，便利店境况略有改善，客单价也稍有提高。但是，随之而来的残酷竞争使得销售额始终无法取得实质性的突破

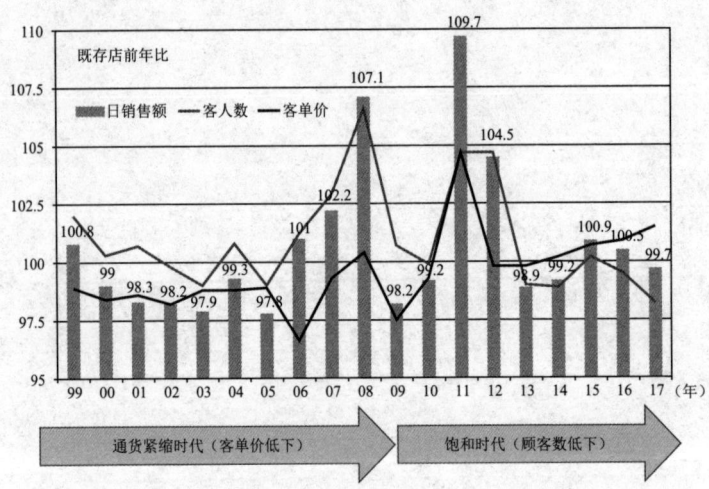

日本便利店铺数量的变化

据2017年日本特许经营协会资料制作

第1章 便利店产业概要

日本经济自1973年石油危机后开始慢慢好转，年经济增长率稳定在4%左右。1985年为帮助美国减少国际贸易逆差，在美国的压力下签订了《广场协议》。当时，美元不断贬值，日元持续升值，这使日本经济再次遭受重创。日本银行为促进经济复苏，把官定利率由之前的5%降为2.5%。该举措导致的直接结果就是，日元流动过剩，土地价格暴涨，老百姓面对昂贵的房价望而却步。于是，日本银行不得不紧急将官定利率再次调整为6%。1990年，经济泡沫崩溃，日本的企业接二连三宣告破产。许多老牌百货商店和大型超市也未能躲过这一劫难。

在通货紧缩时代，便利店的客单价持续走低，销售额毫无起色，连行业领头羊7-11也在这次风波中遭到了重创。

2008年，日本成年烟民年龄识别卡——taspo卡问世，烟民们在自动售货机上买烟时必须刷卡。而到便利店买烟无须出示taspo卡，这使得大量烟民纷纷涌入便利店购买香烟。这致使便利店每日的香烟销售额增长了50%，当年便利店的总销售额增长了7%。

2011年，东日本大地震爆发。由于地震的影响，生产商的商品供给能力大幅下降。便利店一直以来不走低价策略，因而被厂商们公认为优良销售渠道。于是，在这种情况下，生产商把一些紧俏商品优先供给了便利店。如此一来，便利店的商品就比其他购物场所多不少，顾客们在其他地方买不到想要的东西，自然会到便利店花高价买下。这段时期，便利店的销售额增长了9%。

然而，日本的便利店行业已进入成熟期后期，店铺数量呈饱和状态，虽然客单价还在不断提高，但是顾客数量却在逐渐减少。2017年便利店的总销售额未能超过上一年的销售总额。

今后，便利店应将发展重心放在以下两方面：一、继续发展完善"解决顾客随时随地的不便"之事业；二、在互联网时代，找到突破口，设法解决"最后一公里"的问题。

2. 日本4家大型便利店企业店铺数量和销售额的变化

①7-11 具备极强的店铺开发能力，店铺数量稳步增长，目前稳居第一
②罗森注重短期收益，自 2000 年开始控制出店速度，跌至第三位
③全家采取企业并购战略（收购 ampm、C&S）后，上升至第二位
④C&S 在并购 Circle K 和 Sunkus 失败后，被全家收购

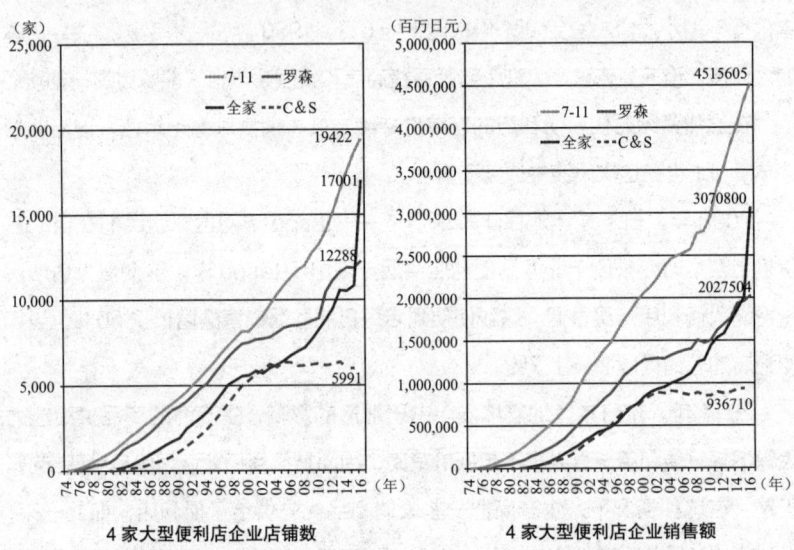

4家大型便利店企业店铺数　　　　4家大型便利店企业销售额

据日本各企业官方资料制作

便利店的开店战略就是其发展战略。7-11 在开新店方面不遗余力，店铺数量连年增多，这也是其销售额大幅提高、快速成长的原动力。

罗森在创业第 3 年时，由于特许经营权问题没能得到妥善处理，在长达一年的时间里没有再开新店，与 7-11 的差距也越拉越大。后来，为了赶上 7-11 的发展势头，罗森强行开设了多家直营店。罗森晚于 7-11 一年创立，再加上中间一年的发展停滞期，总共落后于 7-11 两年的发展时间。意识到差距的明显，罗森奋起直追，开店速度加快，到 2000 年左右，与 7-11 的差距缩短至

第1章 便利店产业概要

一年半左右。2001年，三菱商事成为罗森的最大股东，并委任新社长接管罗森。新社长上任后，将企业发展重心从扩张店铺数量转移至追求经营品质的经营方针上。这样做的结果，直接导致罗森与7-11之间的差距再次拉大至十年以上。被原本排在其后的全家超越，跌至第三名的位置。

稳居第一的7-11在1990年代日销售额下降的低迷时期，开店速度也放缓了。但是后来，随着日销售额的逐渐好转，开店的步伐也开始加快，连续每年开店千家以上，将第二名以后的竞争者们远远地甩在身后。

原处在第三名的全家不仅积极开店，并通过M&A（企业并购）策略，将ampm、Circle K、Sunkus成功收至麾下，从而升至第二名的位置。如何提升通过并购而来的众多店铺的经营质量，是全家在未来一段时间内的主要课题。

现在，日本的便利店已经步入衰退期，排名靠后的便利店要想单纯依靠店铺数量赶超前面的对手，是非常不现实的。而且，具有一定规模的便利店企业已经被全家收购，可被并购的店铺数量已所剩无几。

便利店的店铺数量是直接影响经营质量的重要因素。店多，是必要条件；店少，对企业来说是致命的问题。有先见之明的便利店企业，往往选择在成长期积极开店、在成熟期采用企业并购方式扩大规模，从而最终带来经营质量的整体提升，使自己在惨烈的竞争中保持领先，并提前获得参与下一轮竞争的资格。

3. 日本7家上市公司的优劣

① 7-11 一枝独秀

② 全家兼并 Circle K 和 Sunkus 之后，向 7-11 发起追击

③ 罗森自 2000 年开始实施控制开店数量、重视短期利益的成长战略，导致

便利店的企业战略

其发展日益缓慢

④ Circle K 和 Sunkus 寻求合并失败后，被全家收购

⑤ MINISTOP 苟延残喘

⑥ Poplar 和 Three –f 销售额下降，发展陷入停滞，正寻求罗森接管

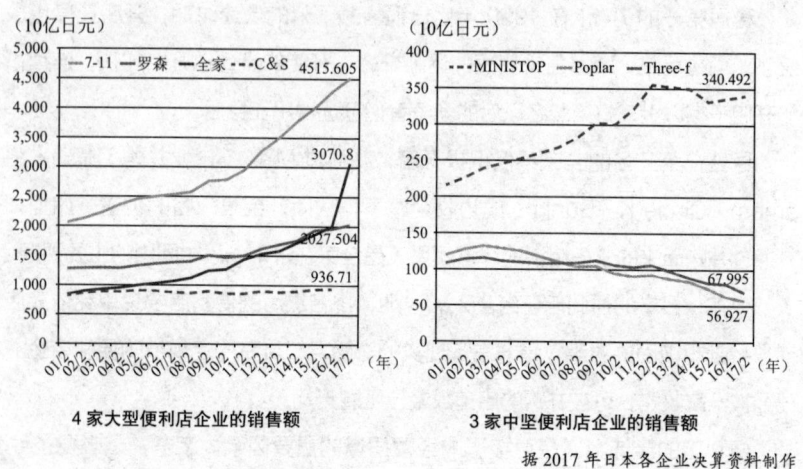

4 家大型便利店企业的销售额　　　3 家中坚便利店企业的销售额

据 2017 年日本各企业决算资料制作

日本的便利店行业在 2000 年步入成熟期，中坚便利店企业发展陷入瓶颈，大型便利店企业也在经营方面出现了各种问题。

1993 年是 7-11 的鼎盛期，尔后直到 2010 年之前，7-11 的日销售额一直低迷，新店数量也不多。从 2007 年开始，7-11 的销售额才慢慢有所好转，新店数量也逐渐增多。到 2017 年，7-11 的销售额达到惊人的 4 万 5,000 亿日元，与其他竞争对手的差距愈加明显。

全家在 20 世纪 90 年代一度陷入泥沼，直到 2000 年采取积极的开店策略和企业并购策略（2010 年收购 ampm、2016 年收购 Circle K 和 Sunkus）后，销售额达到 3 万亿日元，并超越罗森成为第二名。

第 1 章　便利店产业概要

  2002 年，三菱商事成为罗森的最大股东。新社长重视短期利益，控制开店数量，导致销售额才达到 2 万亿日元，将第二名的宝座拱手让给了全家。

  Circle K 和 Sunkus 在 2004 年合并为一家企业。但是，由于招牌一直未能统一，没有达到 1+1 > 2 的效果。最终，由于经营不善被全家收购。

  MINISTOP 在规模竞争和投资竞争中都未能获得先机，2011 年的销售额为最高点 3,500 亿日元，2017 年销售额反而降至 3,400 亿日元。

  Poplar 和 Three-f 在与大型便利店企业的竞争中输得体无完肤，从 2000 年开始持续低迷。2002 年，Poplar 的销售额约为 1,320 亿日元，为最高点。到 2017 年，销售额降至 924 亿日元。

  2002 年，Three-f 的销售额约为 1,160 亿日元。2017 年，销售额降至 1,060 亿日元。

  目前，Poplar 和 Three-f 单纯靠自身已无法维持正常经营，不得不与罗森联手。

4. 7-11 日销售额自 1992 年开始持续低迷

  ① 7-11 初期的日销售额约为 30 万日元，到 1992 年增至 66 万 7,000 日元。2007 年的日销售额降为 59 万 7,000 日元，后又恢复到 65 万 7,000 日元

  ②罗森的日销售额不及 7-11，约为 54 万日元（这是店铺开发能力、商品竞争力、店铺运营能力差距的直接体现）

  ②全家的日销售额为 52 万 2,000 日元

  ④ Circle K 和 Sunkus 合并失败后，被全家收购

  ⑤日销售额是预防加盟店经营下滑的重要经营指标

便利店的企业战略

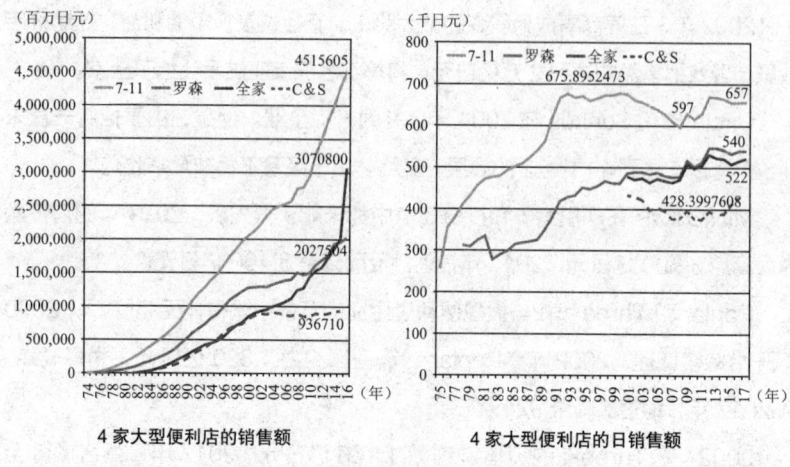

4家大型便利店的销售额　　　　4家大型便利店的日销售额

据2017年日本各企业决算资料制作

　　总销售额由店铺数量和日销售额两个要素所决定。1974年7-11创立时，日销售额约为25万6,000日元。后来，7-11推广"解决顾客随时随地的不便"理念之后，日销售额在1992年增至67万6,000日元。

　　此后的15年间，7-11的日销售额一直没有太大的波动。但进入2007年后，其日销售额降至59万7,000日元，降幅为12%左右。7-11采取增加店铺数量来提高总销售额的策略，虽然平均日销售额略低，但是企业总体盈利。可是，便利店企业是众多加盟店铺的集合体，平均每家店铺一天的销售额是必须重视的指标。7-11的日销售额骤降12%之后，各个店铺经营状况不容乐观，企业总部也连续收到来自加盟店的赔偿诉讼。除此之外，由于日销售额降低，新店选址、新店开设速度也随之受影响，最后导致了总销售额大幅降低。

　　面对危机，7-11及时将其他企业在新业态开发过程中取得的成果运用到自身，再加上taspo卡推广带来的烟草销量暴增，终于使日销售额逐渐提高。到

第1章 便利店产业概要

2017年，7-11的日销售额提高了约10万日元，再次恢复到65万7,000日元左右。日销售额提高后，加盟店不再投诉，开店速度猛增，总销售额上涨，进而一骑绝尘，大幅领先于其他对手。

罗森和全家同时也经历了低迷期。在引入7-11的策略和方针之后，日销售额逐渐好转，并向7-11发起追赶。1990年初，罗森和全家的日销售额比7-11少了将近20万日元。而到2017年，罗森和全家的日销售额分别提至54万日元和52万2,000日元，与7-11的差距仅有12万~14万日元。

Circle K和Sunkus合并失败后日销售额持续走低，为40万日元左右。此后，经营情况不断恶化，最终在2016年被全家收购。

5. 便利店日销售额反映了日本零售额的变化

①便利店的日销售额在1999年达到峰值，为67万7,000日元。此后，日本零售总额长期保持水平发展态势

②虽然服装市场整体萎缩，但是优衣库通过抢占了超市的大部分服装销售份额实现了增长

日本便利店日销售额的变化基本与零售业销售额的变化轨迹是一样的。20世纪90年代初期，日本零售业销售总额和便利店日销售额节节攀升，屡创新高。随后，日本经济泡沫崩溃。接下来，在经济长期停滞期，即"失去的20年"内，日本零售业销售总额和便利店日销售额也停止增长。

普通家庭花在服装上的开销大幅下降，这也就导致了超市服装类商品的销售额低下。优衣库选择了制造零售业模式，这种模式推动其销售额连年扩增。

便利店的企业战略

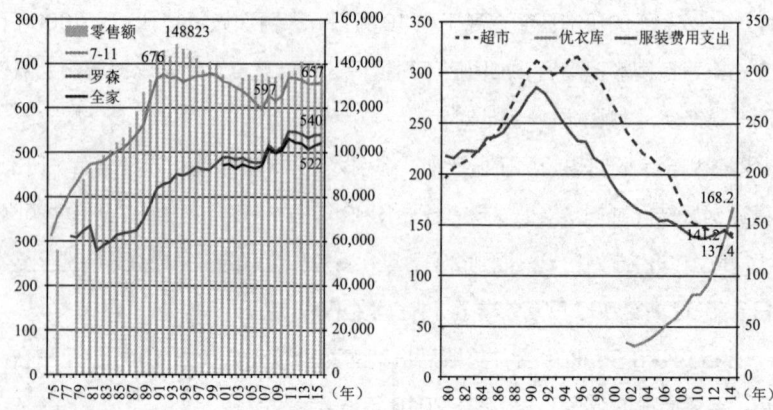

零售额（10亿日元）和日销售额（千日元）　　服装消费支出（千日元）和销售额（百亿日元）

据日本经济产业省、总务省、迅销（优衣库）公司决算资料制作

由此来看，在便利店的商业模式进入成熟期、为提升销售额煞费苦心时，优衣库凭借制造零售业的新商业模式，在市场萎靡不振的情况下，逆势增长。可见，日本的便利店到了该转型的时候了。

6. 日本零售业的萎靡期：流通业企业接二连三倒闭

①百货商店：2005年崇光·西武百货、2007年松坂屋、2008年三越

②综合超市：1997年八佰伴、1998年长崎屋、2001年麦凯乐、2002年西友、2001年寿屋、2004年大荣

1995年	1997年	1998年	1999年
·阪神淡路大地震			
·大荣当期利润260亿日元赤字	·八百伴公司再建法	·长崎屋公司再建法	·麦凯乐民事再建法
	（永旺援助）		（永旺援助）
			·崇光·西武全面合作

第1章 便利店产业概要

续表

2002年	2003年	2004年	2005年
·西友沃尔玛合作	·寿屋民事再建法	·大荣产业再建法	·伊藤洋华堂收购崇光·西武百货
	（永旺援助）	（永旺援助）	·(7&i控股公司成立)
			·西友沃尔玛被收为沃尔玛旗下子公司

2007年	2008年
·大丸和松坂屋经营统合	·（株）三越伊势丹控股公司成立
（J·Front成立）	
·阪急百货店和阪神百货店经营统合	
（成立阪神阪急百货店、为2008年零售股份有限公司旗下子公司）	

日本零售企业的萎靡发展

1990年，日本经济泡沫破裂带来的巨大影响波及社会各个行业，零售业当然也未能幸免于难。在当时，许多零售企业陷入经营危机。但对于便利店来说，彼时正是其从成长期向成熟期过渡的阶段，虽然面临重重困难，但还未出现破产的情况。

对于商业模式已经步入衰退期的百货商店和超市来说，由于急于寻找新的商业模式来替代老的模式而投资过大，致使许多大型企业要么破产，要么被收购。

先来看超市业界的情况：1997年，八佰伴由于在海外建新店的投资过大，导致大幅亏损，最后被永旺收购。2000年，在房地产上投资过大的长崎屋倒闭，随后被堂吉诃德收购。2001年，大型高端超市麦凯乐被永旺收购。2001

年，以小型店铺居多为特色、缺少竞争力的西友超市不得不在超市巨头沃尔玛的庇护下得以生存。最后，于2005年被沃尔玛收购。2003年，永旺收购寿屋。2004年，曾经的零售业第一名——大荣超市被多元化经营拖垮，接受产业救济机构的援助，标志着其实质性破产。

随后，大荣超市被永旺收购。就这样，大型超市一个接着一个地走向破产、倒闭、被收购的境地。在此过程中，以跻身全球零售企业前10名为目标的永旺收购了一众面临破产的企业，其销售总额跃居日本零售业第一名，在世界零售巨头中排名第七。在收购了如此多的大型超市企业后，要尽快通过规模化提高经营效率，找到让衰退期的超市再次重生的举措，这是永旺现在所面临的当务之急。

再来看百货商店的情况：2005年，伊藤洋华堂收购了曾经是合作关系的西武百货和崇光百货。2007年，老牌百货商店松坂屋被大丸收购。2008年，曾长期占据百货商店业界头名、销售额连年夺冠的三越百货被伊势丹收购。不仅地方上的小百货商店，就连大城市的大型百货商店也陆续破产。

伊藤洋华堂收购了西武百货和崇光百货后，成立了新的控股集团7&i，销售额升至零售业第二名。被收购的超市、百货商店或其他类型的零售企业试图利用传统商业模式，譬如邮购等来打造全渠道的新模式以实现东山再起，但是，前景仍不容乐观。

7. 顾客数量象征着竞争力的强弱

① 7-11不断从竞争对手手中抢夺客户，顾客数量不断增加（油炸食品、甜点、生鲜副食吸引大批客户）

②全家的单店客户数量比罗森多100人左右

第1章 便利店产业概要

③ 罗森的客户数量较少

④ Circle K Sunkus 的顾客数量大幅减少，在竞争中完全处于下风

⑤ MINISTOP 在升级 FF 商品（快餐类食品）之后，客户明显增多，但在竞争中始终处于劣势

⑥ Poplar 和 Three-f 的顾客数量本就不多，近年来，更有加速减少之趋势

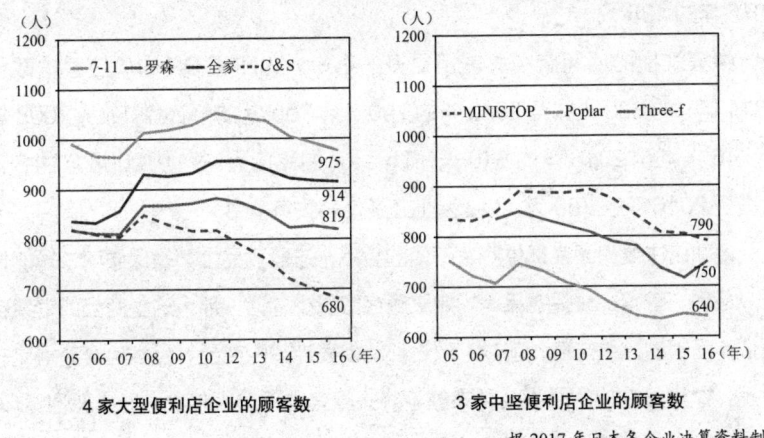

4 家大型便利店企业的顾客数　　　3 家中坚便利店企业的顾客数

据 2017 年日本各企业决算资料制作

日销售额＝顾客数量 × 客单价。由此可见，顾客数量即为企业竞争力强弱的判定指标。店铺位置是否具备优势？商品是否具有竞争力？店铺运营力（QSC：Quality、Service、Cleanliness）是否足够？这些要素都会反应在顾客数量上，并体现企业的竞争力。

2011 年，是各便利店企业发展的顶峰时期。这一时期，各企业的店铺数基本饱和，而顾客开始向竞争力强的企业靠拢，竞争力较弱的企业逐渐丧失客户。市场变成了一场零和游戏。

7-11 同时在店铺选址力、商品竞争力、店铺运营力三方面占据优势，对其他竞争者构成了极大的威胁。其顾客数量在 2011 年达到最高的单店 1,051 人。

但到 2016 年减少为单店 975 人。

全家的单店顾客数量也在 2011 年达到最多，为 956 人。到 2016 年，减少为 912 人。

罗森的顾客数量由 2011 年的单店 882 人减少为 2016 年的 819 人。

Circle K Sunkus 的单店顾客数减幅最大，从 2011 年时的 818 人骤减为 2016 年的 138 人。

中等规模的便利店则失去了更多的客户。MINISTOP 的单店客户数从 2011 年时的 839 人减至 2016 年的 790 人；Poplar 的单店客户数从 2008 年的 746 人减至 2016 年的 640 人；Three-f 的单店客户数从 2008 年的 850 人减至 2016 年的 750 人。以上企业正逐渐丧失竞争力。

便利店主要为顾客提供解决不便的食品，这些食品大都是保质期较短的便当、饭团、配菜、快餐食品等。如果顾客数量少的话，那么这些商品的销量会走低。而销量越是走低，就越不敢进那些保质期短的商品，品类也会变得比较单一，这样给客户的感觉会越来越不好，顾客也就越来越少，形成恶性循环。所以不难看出，顾客数量决定着商品种类的丰富程度和货品的多少，进而影响到客单价的数额。顾客数量增多，那么客单价也会随之提高，销售额也会相应增加。顾客数量减少，客单价也会随之降低，销售额也会相应减低。所以我们得出一个结论：提高客户数量是盘活便利店企业的关键。

8. 客单价反映商品竞争力·商品配备的优劣

① 7-11 的客单价反映出 7-11 良好的商品竞争力和高水平的商品种类配备。在所有的便利店企业中，7-11 的客单价最高、增长率良好

②全家的客单价较低，其商品竞争力和店铺管理水平也较低

第1章 便利店产业概要

③罗森的客单价增长缓慢

④ Circle K Sunkus 在提升客单价上很下功夫，仅次于 7-11

⑤ 在 4 家大型便利店企业的客单价连续增长的同时，MINISTOP 的客单价持续走低

⑥ Popla 的客单价较低，但也在不断上涨。Three-f 的客单价较低，其商品竞争力、店铺运营能力也较低

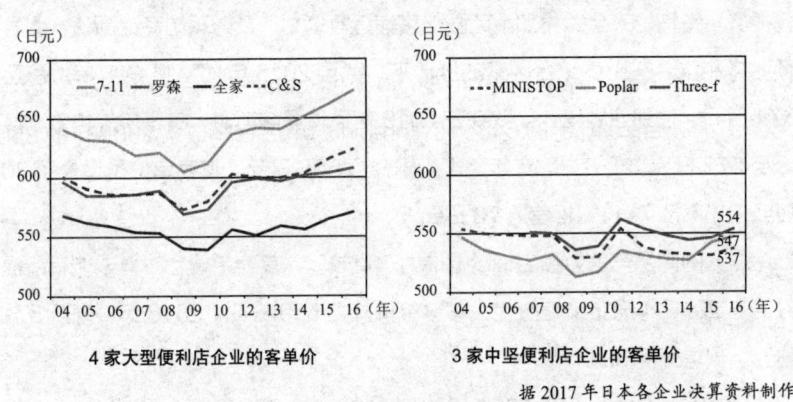

4 家大型便利店企业的客单价　　3 家中坚便利店企业的客单价

据 2017 年日本各企业决算资料制作

便利店的客单价受通货紧缩或通货膨胀这样的宏观经济影响非常大。1990 年日本经济泡沫破裂后，生产商狂打价格战，便利店的客单价同比连续走低。之后 taspo 卡推广，便利店的烟草销售额增长了近五成。此时，生产商一改之前的低价竞争策略，转而提高价格进行销售。东日本大地震后，许多老年人更愿意选择离家近点儿的小便利店，而舍弃到较远的大型超市去购物。基于以上原因，便利店正式告别通货紧缩时代的低迷，自 2011 年开始，客单价连年提升。

另外，客户数量也影响着客单价。客户数量越多越有助于丰富店内的商品种类。与客户数量一样，商品竞争力和店铺运营能力也决定着客单价。客单

价＝商品数量 × 平均单价。想方设法让客户再多买一件的店铺运营能力影响着客单价的高低。

在通货紧缩时代，7-11 的客单价出现下滑。但是，7-11 及时利用其他公司在新业态竞争中取得的成果，即把一些低价格产品开发成自有品牌商品，并将蔬菜列为标准型店的必备商品、把油炸食品等添加入店内加工商品行列，终于使客单价从 2009 年低谷时的 605 日元逐步拉升。原本，7-11 的顾客数量就很多，备货也齐全，再加上超强的店铺运营能力，及时预防商品断货、引导顾客多购物，在上述综合因素的推动下，截至 2016 年，7-11 的客单价涨至 674 日元，位列业界第一。罗森在 2010 年通货紧缩期时，其客单价也曾一度降至 573 日元。但在 2016 年，再度攀升至 608 日元。其客单价虽增长了 30 日元但仍不及 7-11，相差近 70 日元。

全家的商品竞争力和店铺运营能力一直较弱，其客单价也一直未能有所提升。在 2010 年通货紧缩时代，其客单价降为 539 日元。2016 年，升至 571 日元，仅提升了 30 日元。

Circle K Sunkus 在 2009 年的客单价约为 573 日元。2016 年，升至 624 日元，增长了 50 日元。

中等规模的便利店由于没有能力导入网络信息系统，因而无法提供店内 ATM、店内终端设备购票等服务，所以客单价一直较低。

普通便利店的商品种类配备不齐全，客单价比 7-11 的客单价低 100 日元左右。但从 2010 年通货紧缩结束后，它们的客单价也有所上升。

第1章 便利店产业概要

9. 既存店[①]销售额同比是防止加盟店掉队的指标

① 7-11 由于商品竞争力强、店铺运营能力出色，其既存店同比一直保持在100%以上

② 全家在收购 Circle 和 Sunkus 之后，其既存店同比明显具备优势

③ 罗森的同比一直低迷

④ Circle 和 Sunkus 的合并效果未能凸显，其既存店同比下降

⑤ MINISTOP、Poplar、Three-f 三家企业的商品竞争力较弱、店铺运营能力较差，其既存店同比大幅下降

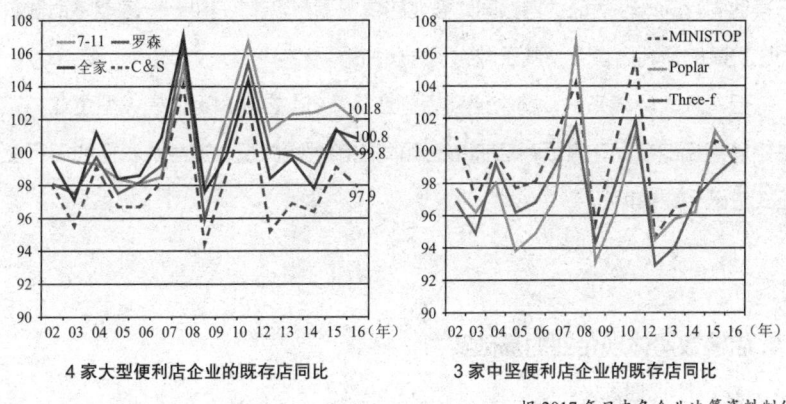

4家大型便利店企业的既存店同比　　3家中坚便利店企业的既存店同比

据2017年日本各企业决算资料制作

便利店采取的是特许经营权加盟的商业模式，换句话说即便本部的总销售额增长，但如果各个加盟店的销售额未见增长，就难以成功。因此，既存店铺销售额同比是衡量加盟店营业状况的重要指标。

但是，自1990年通货紧缩开始后，以7-11为首的所有便利店企业的既存店铺销售额同比都大幅降低，整个便利店行业面临严峻考验。这意味着便利

---

① 既存店：在日本开店13个月以上的店铺称为"既存店"。

047

店已进入成熟期。

2008 年，烟民年龄确认卡 taspo 卡的推广，使得 7-11 的烟草销售额大幅上升，在 7-11 总销售额中占比由原来的 18% 增至 25%，既存店铺同比也增长了 6%~7%。

2011 年，东日本大地震爆发。许多工厂被迫停业，导致商品供应不足。商品供应商优先将紧俏商品供给售价不便宜的便利店、再加上 taspo 卡的出现带动了便利店的香烟销售额增长，使得便利店既存店铺销售额同比增长了 6%。

除此之外，7-11 将其超强的商品竞争力发挥得淋漓尽致。2011 年以后，在其他同行的既存店铺销售额同比恶化的情况下，7-11 是唯一一家能将销售额同比提高的便利店企业，真正做到了一枝独秀。

但是从大环境来看，整个便利店行业除 7-11 之外，无论是大型企业，还是中等规模的公司，其既存店铺销售额同比都大幅降低，这意味着便利店行业正式进入了成熟期。

10. 店铺数量体现企业的基础实力

① 7-11 遥遥领先

② 全家收购 ampm、Circle K Sunkus 之后，向 7-11 发起追击

③ 罗森从 2000 年开始调整发展战略，控制开店速度，注重短期盈利，导致实力减弱

④ Circle K 和 Sunkus 合并后未能达到一体化的效果，最终被全家收购

⑤ MINISTOP 一直挣扎在生死线上

⑥ Poplar 和 Three-f 的店铺数量持续减少

第1章 便利店产业概要

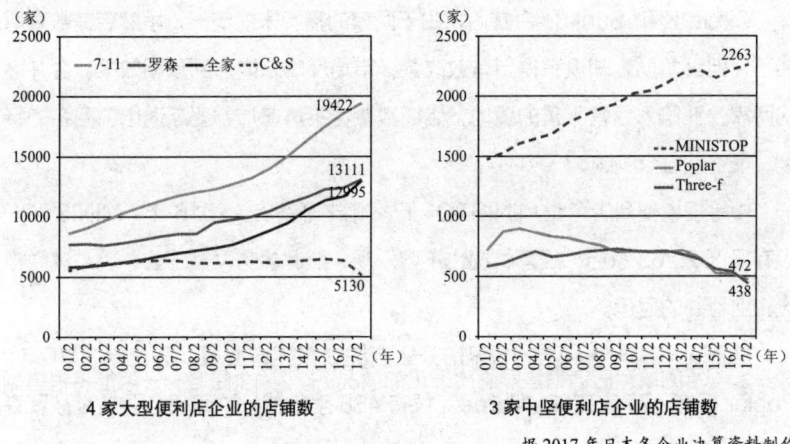

4 家大型便利店企业的店铺数　　　　3 家中坚便利店企业的店铺数

据 2017 年日本各企业决算资料制作

店铺数量是企业规模，即企业基础实力的体现。便利店行业是典型的依靠店铺数量来最终实现提升进货条件、商品开发，以及物流效率化的业态，即通过量变来达到质变的一种事业体系。所以店铺数量是至关重要的经营指标。

1990 年通货紧缩开始后，在整个便利店企业日销售额一直走低的恶劣环境中，唯有 7-11 做到了持续开设新店，将其他对手远远抛在身后。到 2016 年，7-11 的店铺数量达到了 19,422 家。

全家通过积极开店策略和企业并购方针，2016 年店铺数量达到了 17,969 家，相较之前增长了 1.5 倍，整体实力由原来的第三名提至第二名。今后，全家面临的考验是如何转化在店铺数量上积攒下的实力，实现经营质量上的飞跃。

罗森在之前为了追赶 7-11 拼命开设新店。但在 2002 年，三菱商事成为罗森的最大股东后，调整了企业发展策略，从原本注重数量转为注重质量，在之后的 10 年内严格控制开店速度和数量。在该发展策略的影响下，到 2016 年，罗森的店铺数量为 12,288 家，比 7-11 落后了 10 年之多。重视经营质量虽然可以保住短期利润，但失去的却是中长期收益，罗森高层的经营决断很难说是正确无误的。

Circle K 和 Sunkus 合并后，由于两家的招牌未能统一，虽然店铺数量增加了，但经营质量却没有得到有效改善，市场反响未能达到预期效果。合并后的两家企业陷入经营不善的境地，店铺数量也不再增加，逐渐退出前四名的行列，最终被全家收购。

中等规模便利店企业 MINISTOP 已多年未开新店。2016 年，MINISTOP 仅有区区 2,263 家店，经营状况也不容乐观，照此趋势发展下去，恐难逃脱被大企业吞并的厄运。

Poplar 和 Three-f 自 15 年前开始店铺数量不增反减。截止到 2016 年，Poplar 仅有 472 家店铺、Three-f 仅有 438 家店铺。这两家企业最终被罗森收购。

11. 新店开设能力即成长力

① 7-11 遥遥领先

② 全家收购 Circle K 和 Sunkus 之后，把工作重点放在了品牌统一上，有意控制新店开设速度

③ 罗森自 2000 年开始严格控制开设新店。到 2010 年，与前两名差距明显拉大

④ Circle K 和 Sunkus 合并后未能达到一体化的效果，走向失败。最终被全家收购

⑤ MINISTOP 境况不容乐观

⑥ Poplar 和 Three-f 逐渐丧失开店能力

第1章　便利店产业概要

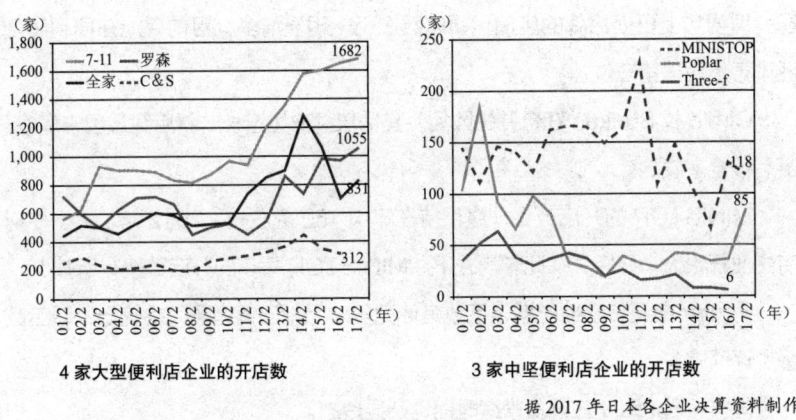

4家大型便利店企业的开店数　　　3家中坚便利店企业的开店数

据2017年日本各企业决算资料制作

便利店的商业模式是连锁加盟。所谓开店，并不仅仅是店铺建设，还要募集加盟店经营者。如果日销售额增长不力，就无法确保加盟店的利润，进而导致越来越少的人响应加盟。因此，高日销售额才是加盟店遍地开花的保障。

1990年日本经济泡沫破裂，出现通货紧缩。7-11的日销售额遭遇不小的冲击，开店速度和数量大受影响。但后来，7-11及时调整策略，新上了即食油炸食品，充实了为职业女性和老年人准备的蔬菜、副食、日配品，到2007年日销售额大幅提高，开店速度也同时得到提升。从2000年代初期的年开店数量900多家，上升至现在的1,600多家。

全家在通缩时期几乎未开新店。但是，全家通过企业并购计划分别在2010年、2015年、2016年收购了ampm（1,100家店）、Cocostore（660家店）、Circle K Sunkus（6,000家店），算上改换招牌后的店铺，最高时候一年出店数量达到1,200家，远远超过罗森的开店数量。

罗森严格控制开店数量后，大幅落后于竞争对手。2007年之后，罗森为挽回颓势，收购了一些中型便利店企业，但是，比起全家的大型收购来效果不明显。即便加上更换招牌的店铺，新店数量仍未明显增多，目前只能在便利店企业排行上屈居第三位。

Circle K Sunkus 在合并失败后，其销售额未见增长，新店数量也未增多，最后被全家收购。

MINISTOP 的开店数量一直保持在年均 150 家左右。2012 年，大型便利店企业开始大举开店，在此影响之下，MINISTOP 每年的开店数量有所减少。

Poplar 在通货紧缩时期，不敌其他竞争对手，日销售额大幅降低，新店数量也逐渐减少。

同样，Three-f 在通货紧缩时期也凸显疲态。

12. M&A 是弥补开店能力不足的有效战略

① 7-11 本身实力雄厚，一贯坚持自力更生开发新店。只是为了获得像车站里面这样的封闭商圈资源，才采取了和相关企业进行合作的战略。

② 全家自 2000 年以后，通过大型并购战略总共获得了超过 8,500 家店铺

③ 罗森自 2000 年以后，只进行了一些中型并购，最终获得的店铺数量只达到了 3,000 家

④ Circle K Sunkus 被全家收购

⑤ Poplar 和 Three-f 在罗森的帮助下勉强存活下来

M&A 是弥补开店能力不足的有效战略。特别是对开店能力较弱的便利店企业来说，是助其成长的有力战略。在成熟期，不少便利店企业在竞争中落败，带来了 M&A 的良机。

第1章　便利店产业概要

日本便利店企业并购情况

企业名	年份	合并企业	店铺数	企业名	年份	合并公司	店铺数
7-11	2009年	京滨急行		罗森	1989年	Sun chain	1,000
	2010年	JR 北海道			1992年	Pacor	47
	2013年	Sunkus 东四国	90		1996年	A·B	45
	2014年	JR 西日本	500			东北 SPA	84
		JR 四国	36		2007年	99PLUS	827
	2015年	神户电铁			2008年	新鲜组	45
	合计		626		2011年	Sunkus 富山	70
全家	2003年	京滋 Seico Mart	28		2012年	湾区 Sunkus	130
	2004年	兵库 Seico Mart	11		2013年	Sunkus 南九州	100
	2010年	ampm			2014年	京阪奈 sunkus	95
	2010年	JR 九州 Retail	1,107			Poplar 资本	525
	2011年	关西 ampm			2015年	Three-f 四国	80
	2014年	A coop	763			Sunny Mart	62
	2015年	Everyone	220			长野 7-11	27
		Cocostore	440	罗森	2015年	Poplar	525
全家	2016年	Cocostore	5,990			Three-f	558
	合计		8,559		合计		4,220

7-11 本身实力雄厚，开店能力强。如果采用 M&A 战略，即使并购顺利完成，之后还要花费大量精力去统一企业文化。同样要花时间与精力，还不如直接去开拓新店，所以 7-11 采取了自食其力积极开店的策略。7-11 是行业顶尖企业，无论是为拿到好的开店位置和房地产商谈判条件方面，还是招募最优秀的加盟商方面，7-11 都得天独厚。它的自主开店策略显然是非常明智的。同

便利店的企业战略

时，7-11 还将战略目光瞄向了车站这块风水宝地。因为车站内的便利店有以下两点长处：一是位置好、客流量大；二是封闭式商圈，一旦进入几乎不存在竞争。于是，7-11 果断出手，积极推进与铁路公司的合作，成功地将车站内的一部分小卖部换上了自己的招牌。

便利店是能通过店铺数量来强化竞争力的一种业态。为了摆脱常年屈居第三的市场地位，伊藤忠商事派去了一位优秀的经营管理者去全家任 CEO，在他的领导下，积极推进并购战略。结果，从 2000 年到 2016 年，全家的店铺数量增长了 8,600 家，暴增五成，店铺数量仅次于 7-11。今后，全家所面临的主要难题是，如何实现从量变到质变的转化。

罗森在 2000 年之前一直推进企业并购策略，力争追赶上 7-11 的脚步。但 2000 年以后，三菱商事委任新一届社长主持工作后，在新社长注重经营质量的策略下，新店数量大大减少。后来虽然罗森也大力推进企业并购，但为时已晚，因为具备一定实力的大型企业早已完成并购，罗森只能将目标瞄准店铺数量在几百家左右的中型便利店企业。2000 年以后，罗森通过企业并购新增加的店铺仅为 3,000 家，与全家的 8,600 家相比，实在是少得可怜。

便利店行业已处于成熟期后期。第一名 7-11 和第二名全家已远远领先于其他竞争对手好几个身位，要想赶超他们二者，难度系数非常大。罗森虽然也在加大企业并购力度，但是可并购的对象已所剩无几。经营上无法发挥规模效益，将来恐怕会一直在业界第三的位置上徘徊，逐渐走下坡路。

反观全家，在便利店行业成熟期初期时，就清醒地认识到企业并购战略的重要性，并果断地大力推进，这正是全家的睿智、果敢之处。然而，对于全家来说，如果今后不能实现量变到质变的转化，也会重蹈 Circle K 和 Sunkus 合并失败的覆辙。

13. 海外开店是便利店成长的第二支柱

①2005年，日本7-11在美国7-11的支持下，力图海外开店。截至2017年，7-11在海外的店铺数达到9,381家（为国内店铺数量的47%）。

②全家从韩国撤退，失去了7,400家门店。2017年，全家在海外的总店铺数约为6,375家（为国内店铺数量的49.1%）。

③罗森较晚开始在海外开店。2017年，罗森在海外的店铺数仅为1,156家（为国内店铺数量的8.8%）。

④MINISTOP的海外门店数达到2,998家（为国内店铺数量的132.5%），远远多于国内店铺数。

在国内门店数日趋饱和状态下，海外开店担负起了便利店的成长战略。许多日本便利店以在本国积累的业态经验为武器，在海外事业拓展中获得了成功。2015年，全世界最大的零售企业沃尔玛在美国的总门店数达到4,574家，而其在海外29个国家与地区的总门店数达到惊人的6,299家。

7-11在2005年之前从未在海外开设过门店。不过，其在1991年收购了美国7-11，将美国7-11的所有店铺纳入旗下。但是，7-11在中国一直未能打开局面。

全家一直积极在海外开店。截至2014年2月，全家的海外总门店数达到13,075家，与国内门店数对比为124%，遥遥领先于国内门店数。但是，2015年2月，全家在韩国FC事业受挫，在海外的7,400家店全部取消，海外门店总数减至5,624家（是国内门店数的49.8%）。

MINISTOP为挽回日本国内的颓势，一直积极在海外开店。截至2017年2月，MINISTOP的海外门店数达到2,998家，是国内门店数的132.5%。

罗森重视店铺质量，对于国内开店一直采取消极态度，其海外开店也更加消极。截至 2017 年 2 月，只有 1,156 家海外门店，海外门店数量仅占国内门店数的 8.8%，与其他便利店企业的差距愈加明显。

海外开店有这样一个特点：如果在当地开店达不到 1,000 家，将不会获得盈利。罗森由于摒弃赤字、不采取先行投资，迟迟未在海外开店。在海外各国门店数未达到 1,000 家的 10 年间，一直饱受赤字折磨。

而反观 7-11、全家、MINISTOP 早已在海外其他国家开设了超过 1,000 家门店，已逐步开始盈利。

14. 关店数量代表着竞争失利的程度

① 7-11 独领风骚

② 全家在完成对 Circle K 和 Sunkus 的收购之后，趁势向 7-11 发起追击

④ 罗森自 2000 年开始关闭了大量店铺。近年来，新开了不少店，但同时，也关了不少店

⑤ Circle K 和 Sunkus 合并失败后关了不少店，后被全家收购后也关了不少店

⑥ MINISTOP 在竞争中节节败退，关店的数量不断上升

⑦ Poplar 在竞争中节节败退，大量关店

便利店企业的关店是竞争失利的结果。

在通货紧缩时代，7-11 日销售额一度低迷，共关闭了 200 家店铺。到 2008 年，关店数量增至 610 家。之后，随着日销售额的改观和有效举措的实施，到 2012 年，关店数量仅为 2008 年的一半，不到 300 家。在这之后，由于店铺数量趋向于饱和状态，又出现了大量开店大量关店的现象，最高时候达

第1章 便利店产业概要

到了一年关店 1,500 多家。到 2016 年，关店数量超过 800 家。

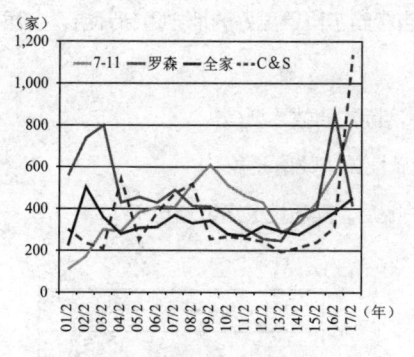

4 家大型便利店企业的关店数　　　3 家中坚便利店企业的关店数

据 2017 年日本各企业决算资料制作

全家在 2001 年一口气关了 500 家店。后来，在伊藤忠商社委派的新社长的领导下，关店数量逐渐减少，降至 300 家左右。2016 年，店铺数量趋于饱和后，关店数又达到了 450 家。

三菱商事成为罗森最大股东后，派遣新社长到罗森接管工作。由于新社长变换了发展战略，2002 年，罗森一口气关闭了 800 多家经营不善的店铺。此后，罗森的关店数一直多于全家，清理了不少业绩不好、实力偏弱的店，照理说日销售额应相应提高才对。但是，罗森的日销售额不仅没有高出全家很多，也没有拉近与 7–11 的距离。从另一个侧面说明，竞争力低下后，即使把经营不善的店都关掉，还会出现新的问题店。而接二连三的关店又再次降低了企业的竞争力，这犹如一个深不见底的泥沼。2015 年罗森再次关闭了 860 家店铺。

Circle K 和 Sunkus 被全家收购后，原有的店铺全部换上了全家的招牌，两家企业的关店数总计超过 1,100 家。

中等规模的 MINISTOP、Poplar、Three-f 在近几年店铺数量已近饱和的大环境下，关店数连年递增。

057

15. 店铺置换是对加盟店的一种保护措施

① 7-11：大部分闭店的店铺是把店搬到了位置更好的地方重新开店，实质性关闭的店铺很少

②全家：开始推行置换店铺策略，实际关店数逐渐减少

③罗森：4家大型便利店企业中实质性关店数量最多

④ Circle K 和 Sunkus：在一体化失败后，实质性关店数量也不少

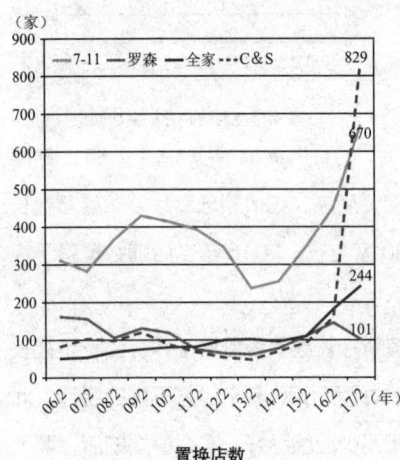

置换店数

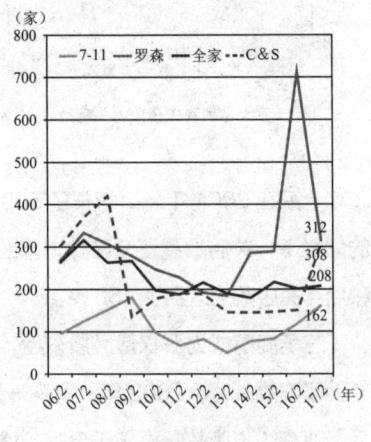

实质关店数

据2017年日本各企业决算资料制作

所谓店铺置换，指的是把位置变差的店铺转移至较好位置，从原来店面小或停车场不便于停车等竞争力差的店铺变为店面较大、有更多停车位的立地好的实力店铺。

实际关店数量 = 总关店数 - 置换店铺数。

另外，店铺置换也是把经营不善店铺的店主转移至优良店的一种救济措施。这不仅是对加盟商的帮助，还有助于聚集在总部人才培养战略下成长起来的优秀店主，对总部也是一件益事。对总部来说，相比从零开始培养新加盟商，置

第1章 便利店产业概要

换不良店铺是非常有利的选择。而对经营不善店铺的加盟商来说，置换是一种安全保障措施，是对他们极大的帮助。他们会对总部产生好感，也会建议亲戚、朋友来加盟。于是自然而然地，总部会聚集起大批优秀候补加盟商，这对总部来说，有着非常大的积极效果。

7-11每年都要对300～400家经营不善的店铺进行置换，通过该举措，店铺质量越来越高，基本消除了不良店铺，整体竞争力大大提升。这也是7-11长久以来保持竞争力和高日销售额的秘诀。7-11善待加盟商，力求站在他们的角度考虑问题，所以当7-11需要大量开店时，自然能招揽到不少优秀的加盟商。在置换措施的帮助下，7-11每年的实际关店数甚至不足100家。2016年，7-11的总关店数为832家，但置换店铺数为670家，实际关店数仅为160家。

全家的置换店铺数逐渐增加，实际关店数一直控制在200家店以内。

罗森之前每年的置换店铺数大概在200家店，后来减至100家店。实际关店数比全家多。2011年以后，实际关店数快速增至300家店以上。这与罗森不重视加盟商、违背利益共同体的做法有着直接关系。这样做导致的后果就是，罗森在招募加盟商时要花费多于其他对手几倍的成本。

便利店的企业战略

/便利店的利润结构指标/

1. 日销售额是最主要的利润源泉

①7-11：1997年的日销售额为67万9千日元。2007年，降至59万7千日元。之后，由于增加了油炸食品、7-11 Premium（7-11自主品牌商品）以及taspo卡推广带来的烟草销售额的激增，到2011年，日销售额增至66万4千日元。近几年日销售额一直维持在这个水平（与第二名罗森相差12万日元）

②全家：自2000年以来，日销售额一直处于横盘状态。2008年，taspo卡在日本推广后，便利店烟草销量激增，日销售额也随之大幅提高

③罗森：自2000年以来，日销售额同样也是一直处于低迷状态。2008年，taspo卡在日本推广后，便利店烟草销量激增，日销售额也随之大幅提高

④Circle K Sunkus：竞争失利后，日销售额从50万日元跌至42万5,000日元

⑤MINISTOP、Three-f：日销售额大幅减少。在将要跌至损益平衡点40万日元时，与罗森达成合作

⑥Poplar的日销售额跌破损益平衡点40万日元后，与罗森达成合作

无论是本部还是加盟店，利润的第一指标永远是日销售额。日销售额的高低代表着企业竞争力的强弱。日销售额的高低，是便利店位置好坏、商品竞争力强弱、店铺运营能力高低等企业综合实力所导致的结果。

第1章 便利店产业概要

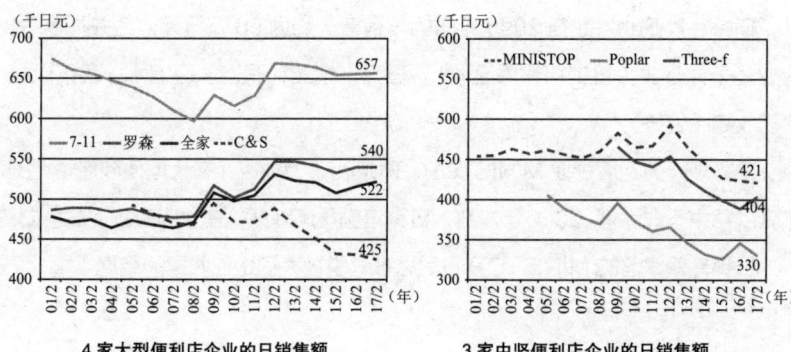

4家大型便利店企业的日销售额   3家中坚便利店企业的日销售额

据2017年日本各企业决算资料制作

7-11的高日销售额确保了本部和加盟店都能够获得高额利润。1974年，7-11刚刚创立时，日销售额仅为25万6,000日元。到1997年，其日销售额增至67万9,000日元，本部和各加盟店的利润也随之大幅上升。1997年之后的10年间，7-11的日销售额连年走低。2007年，其日销售额跌到59万7,000日元，降幅约为12%。加盟店赚不到钱，于是接二连三发生了加盟商起诉本部的诉讼案。随后，7-11开发了油炸食品、导入了物美价廉的自主品牌商品7-11Premium和面向职业女性的副食、日配品，丰富了冷冻食品的种类。再加上taspo卡推广带来的烟草销售额的激增，终于在2011年度使日销售恢复至66万4,000日元，诉讼案也随之消失。日销售额是店铺竞争力强弱的重要参考指标。7-11的日销售额和第二名罗森相差12万日元，可以说是一骑绝尘，遥遥领先其他对手。

罗森自2000年开始，日销售额缓慢攀升到48万日元左右。2016年，日销售额涨至54万日元。但是，仍与7-11存在不小的差距。

2000年代，全家的日销售额约为47万日元。之后，缓步升高。2016年，日销售额达到52万日元。但无论是日销售额还是竞争力，都远不及7-11。

便利店的企业战略

　　Circle K Sunkus 在 2000 年时的日销售额约为 50 万日元。合并失败后，企业竞争力丧失，日销售额降至 43 万日元，企业利润也急速缩水，最终以被全家收购而告终。

　　中等规模便利店企业 MINISTOP、Poplar、Three-f 在大型便利店企业的扩张战略中一败涂地。2010 年左右，日销售额急速降低，在业内失去了竞争力。

　　日销售额跌落的 MINISTOP 日后恐难逃脱被大型企业收购的结局。

2. 毛利率反映商品策划能力的高低

① 7-11：烟草销售额激增后，一时间毛利率下降了 2%，后来转而上升

② 全家：烟草销售额激增导致毛利率下降后，一直没再得到提升

③ 罗森：烟草销售额激增后，一时间毛利率下降了 2%，后来转而上升

④ Circle K Sunkus：烟草销售额激增后，毛利率降低，没有恢复

⑤ MINISTOP：烟草销售额激增后，毛利率降低，但有恢复倾向

⑥ Poplar 和 Three-f：烟草销售额激增后，毛利率降低，之后一直低迷

　　总部和加盟店利润的第二指标是毛利率的高低。便利店是加盟连锁模式，总部和各加盟店按照所承担的投资、经费的比例分配毛利。

　　毛利 = 日销售额 × 毛利率。日销售额越高或毛利率越高，毛利就越高。而提高毛利，是总部和各加盟店的共同目标。

　　总部通常会凭借店铺数量和店铺数量的增长情况与生产商谈判，来改善公共品牌（National Brand）商品的进货条件从而达到提高毛利的目的。另外一种提高毛利的有效途径就是开发毛利率较高的自有品牌（Private Brand）商品。便利店常见的便当、饭团等自主开发商品的生产过程中会有多个合作生产

第1章 便利店产业概要

厂家介入。摒弃原材料由不同合作伙伴分别进货的办法，而是实现合作工厂的一体化，大家一起进货，可以大大改善进货条件，从而提高毛利率。另外，通过集约化配送减少厂商的配送次数、降低厂商物流经费，来减轻生产商物流负担，以此作为与厂商谈判的筹码，为提升毛利率做出贡献。

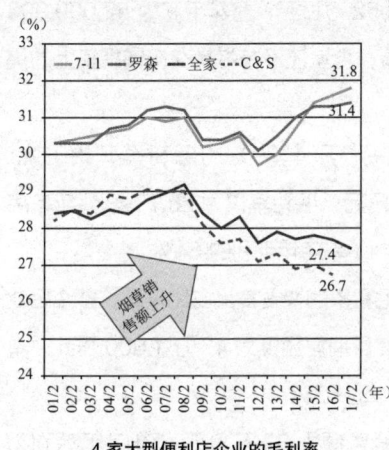

4家大型便利店企业的毛利率

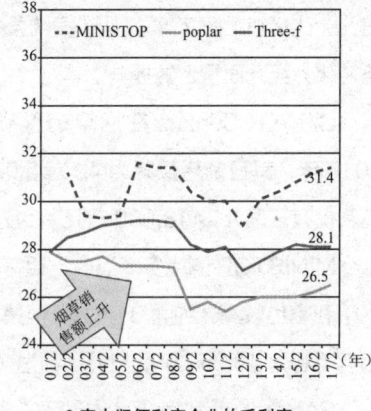

3家中坚便利店企业的毛利率

据2017年日本各企业决算资料制作

7-11在1974年创办初期的日销售额约为25万6,000日元，毛利率仅为23%。2005年，日销售额增至62万日元，毛利率涨到31%。1974年的单店年毛利为21,491,000日元。2005年的单店年毛利为70,153,000日元，涨幅达三倍之多。2008年taspo卡推行之后，烟草销售额暴增近五成，但是因为烟草毛利率偏低，仅为10%左右，所以拖累整体毛利率下降了1%。但之后，本部通过各种途径和举措来提高毛利率，终于在2016年日销售额达到65万7,000日元、毛利率达到31.8%、单店整年毛利达76,258,000日元。

罗森的毛利率与7-11相比毫不逊色。烟草销售额激增后，毛利率暂时下降。2016年，罗森的毛利率达到了历史最高31.4%。但是，罗森的日销售额仅为 54 万日元，整年毛利为 62,678,000 日元，比 7-11 低 13,580,000 日元（18%）。平均下来，罗森每月的可分配毛利比 7-11 少了仅 113 万日元。

全家的毛利率比 7-11 和罗森都要低。2000 年，全家的毛利率为 28%，比 7-11 和罗森低了近 2%。2016 年，全家的毛利率为 27.4%，比 7-11 和罗森低 4%。全家的日销售额也不高，仅为 52 万日元，整年毛利为 52,000,000 日元，比 7-11 低 32%。从数据结果来看，全家还没有将其在店铺规模上的优势转化为经营质量上的提升。

Circle K Sunkus 在烟草销量暴增后，原本 29% 的毛利率开始下降。2016 年，其日销售额降为 42 万 5,000 日元，毛利率仅为 26.7%，整年单店毛利仅有区区 41,418,000 日元，约为 7-11 单店年毛利的 54%。

MINISTOP 的诸多商品中，拥有高毛利率的快餐食品占比较高，整个企业的毛利率也较高，约为 31.4%。但是，其日销售额仅为 42 万 1,000 日元，单店年毛利为 48,251,000 日元，约为 7-11 的 63%。

Poplar 的毛利率仅为 26.5%，日销售额为 33 万日元。单店年毛利为 31,919,000 日元，仅为 7-11 的 42%。

Three-f 的毛利率为 28.1%、日销售额为 40 万 4,000 日元。单店年毛利为 41,436,000 日元，仅为 7-11 的 54%。

由以上数据可以看出，中等规模以下的便利店加盟商没什么钱可赚，所以也没人想去加盟。加盟店招募工作难以推进，店铺数量迟迟不见增长，所以与厂商的进货条件也得不到改善，最终形成了恶性循环。

第1章 便利店产业概要

3. 总部利润来源之一的特许权使用费

① 7-11：随着毛利率改善和 C 型加盟店铺数量增加，特许权使用费逐年递增

② 全家：较低的毛利率导致了较低的特许权使用费

③ 罗森：随着毛利率改善和 C 型加盟店铺数量增加，特许权使用费逐年递增

④ Circle K Sunkus：低毛利率导致特许权使用费也较低

⑤ MINISTOP：改善毛利率后，特许权使用费提高

⑥ Poplar 和 Three-f：毛利率低，所以特许权使用费也不高

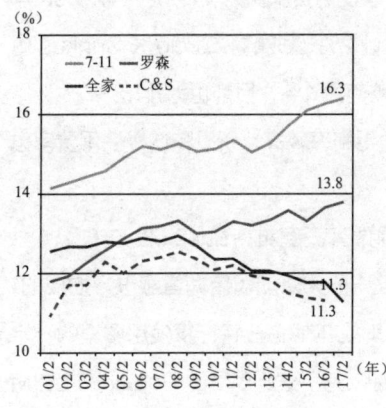
4 家大型便利店企业的特许权使用费率

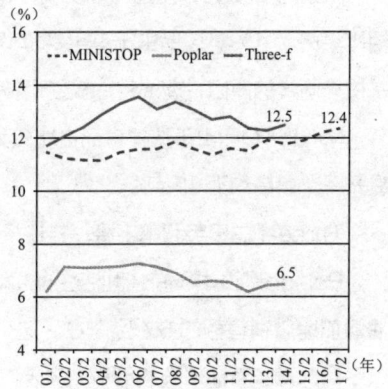
3 家中坚便利店企业的特许权使用费率

据 2017 年日本各企业决算资料制作

如上所述，总部和加盟店会将经营所得毛利（日销售额 × 毛利率）按各自所承担的投资、经费比例进行分配。总部拿到手的部分就叫作特许权使用费，这也是总部的主要收益来源。

便利店的商业模式是销售特许经营权套餐。特许经营权大致分为两种：一种是加盟店所有者原本经营酒馆、商店等实体店铺，拥有开店的土地或商铺（A 类型）；另一种是一些工薪族想自己开个店，但没有任何房产商铺等物质条件（C

类型）。各加盟商由于出资额和承担费用不同，向总部缴纳的特许权使用费也不一样。A类便利店的特许权使用费较低、C类便利店的特许权使用费较高。加盟店缴纳的特许权使用费除以加盟店的总销售额即为特许权使用费率。

7-11的特许权使用费率最高，为16.4%，且一直是在增长中。其原因是特许权使用费率较高的不自带商铺的C类加盟店在不断增加。

罗森的特许权使用费率为13.8%，与7-11一样，特许权使用费率较高的不自带商铺的C类加盟店在不断增加。

全家的C类店铺虽逐年增多，但特许权使用费率仅为11.3%，与2008年相比下降了1%。这是由于其毛利率跌了近2%造成的。Circle K Sunkus也是由于同样的原因，造成特许权使用费率跌落近1%，目前也为11.3%。

MINISTOP由于快餐食品占比较大，毛利率较高，所以特许权使用费率也提升了，目前约为12.4%。

Three-f由于毛利率下降，特许权使用费率一直维持在12.5%左右。

Poplar是日本所有便利店企业中，唯一一家对加盟店销售额进行抽成的，抽取加盟店销售额的6.4%左右，这个费率是其他企业特许权使用费率的一半以下。这意味着他们无法给予加盟店充分的支持。这样就导致Poplar的加盟店在与对手竞争中丧失优势。其实，并不是说特许权使用费越便宜越好。特许权使用费是本部对加盟店支持力度的侧面反应。

4. 一般管理费的上升超过了特许权使用费率的增速

①7-11的C类型加盟店增长，导致总部一般管理费负担越来越重，一般管理费率也增长了

②全家：C类型店铺递增，总部一般管理费率增加

第1章 便利店产业概要

③罗森：C 类型店铺递增，总部一般管理费率增加

④ Circle K Sunkus：C 类型店铺递增，总部一般管理费率增加

⑤ MINISTOP 和 Three-f：C 类型店铺递增，总部一般管理费率增加

⑥ Poplar：因为不少加盟店退出，所以改换成一般管理费率很高的直营模式，致使总部的一般管理费率激增

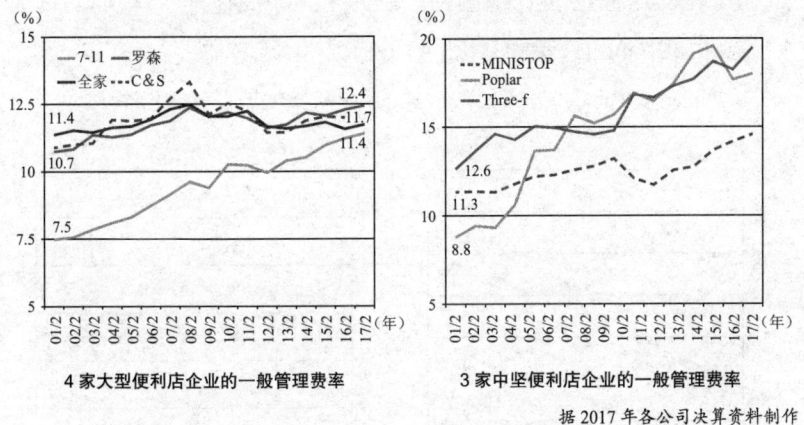

4 家大型便利店企业的一般管理费率　　3 家中坚便利店企业的一般管理费率

据 2017 年各公司决算资料制作

各加盟店向总部缴纳特许权使用费，总部会将这笔钱合理地用于扶持和帮助加盟店。由于近年来 A 类店铺减少、C 类店铺增多，无论哪家便利店，总部一般管理费率都呈逐年上升趋势。

7-11：在积极开店的政策推动下，2016 年，一般管理费激增至 11.4%。

罗森、全家、MINISTOP、Poplar、Three-f 的一般管理费依次为 12.4%、11.7%、14.6%、18.0%、19.5%。

Poplar 与 Three-f 的一般管理费超高的原因有二：①由于加盟店经营不善而选择停止加盟，店铺由总部接管，成为直营店；②店铺数量减少，但固定支出并没有丝毫改善，造成经费激增。

5. 当期利润率显示经营状况

① 7-11：更赚钱的 A 类型加盟店铺减少，C 类型店铺增多，导致利润率恶化

② 全家：收购 Circle K 与 Sunkus 后，利润率一度走低，但未来可期

③ 罗森：也是因为更赚钱的 A 类型加盟店铺减少，C 类型店铺增多，导致利润率恶化

④ Circle K Sunkus：日销售额与毛利率低下，利润率恶化

⑤ MINISTOP：日销售额恶化，所以利润率也大幅降低

⑥ Poplar 和 Three-f：出现经营赤字。后在罗森的支援下勉强支撑

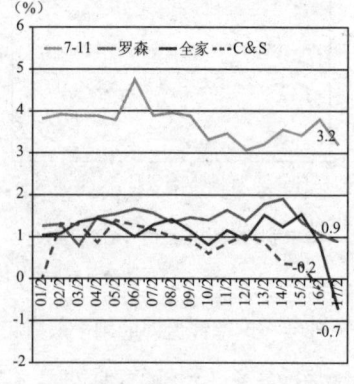

4 家大型便利店企业的当期利润率

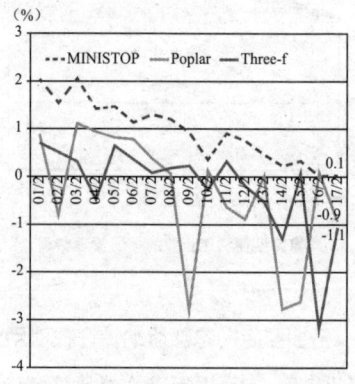

3 家中坚便利店企业的当期利润率

据 2017 年日本各企业决算资料制作

便利店总公司的利润率取决于日销售额的增长率、毛利润率的增长、特许权使用费率的增长以及为援助加盟店一般管理费率的增长。

7-11：日销售额、毛利率、特许使用权费率不断增长，但由于一般管理费率较高的 C 类店铺不断增多，总部负担的经费占比增大，导致利润率下降。从 2000 年的 4% 左右降至 2016 年的 3.2%。

第1章 便利店产业概要

罗森：由于一般管理费率较高的 C 类店铺不断增多，总部负担经费占比增大，导致利润率下降。2000 年，利润率为 1.3% 左右。到 2016 年，利润率降至 0.9%。

全家：收购 Circle K Sunkus 之后，经营出现赤字，利润率低至 –0.7%。

MINISTOP：虽然毛利率较高的快餐食品占比较大，但由于在竞争中失利，利润率由原来的 2% 急速跌至 0%。

Poplar：利润率由最初的 0.9% 降至 –0.9%。

Three-f：利润率由最初的 0.7% 降至 –1.1%。

业界第一的 7-11 利润率虽然并不算特别高，但是还能确保企业享有 3.2% 的利润。罗森等其他大型便利店企业的利润率均在 1% 以下，MINISTOP、Poplar、Three-f 经营出现赤字。

以上数据同时表明，日本便利店行业正从成熟期走向衰退期。

第 2 章　便利店事业框架

/ 便利店的企业战略 /

/ 便利店的小商圈战略 /

/ 便利店的集中开店战略 /

/ 便利店的轻资产经营 /

/ 便利店的 FC 商业模式 /

/ 便利店的平台 /

/ 便利店网络系统的构建 /

第 2 章 便利店事业框架

/便利店的企业战略/

1. 企业战略是实现经营理念的手段

①便利店的经营理念（解决顾客眼下的不便）

·创业期 「一直为您开着门的罗森」（24 小时便利店）

·成熟期 「街边的服务驿站」（多功能便利店）

②企业战略：以实现经营理念为目的、为使自身在与其他对手竞争过程中保持优势地位的战略

·后续讲述便利店竞争优势的构架

③功能战略是为实现企业战略各职能所承担的战略职责：

·商品战略、店铺运营战略、教育战略、店铺开发战略、FC 战略、物流战略、信息系统战略

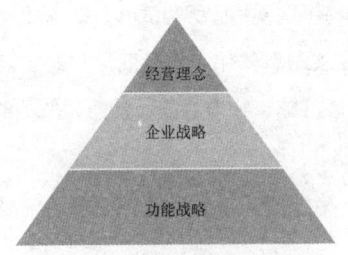

企业战略是实现经营理念的手段

便利店企业战略，指的是以实现经营理念为目标、为使自身在与其他对手

便利店的企业战略

竞争中保持优势地位而制定的框架体系。便利店的企业理念是，"立即解决顾客眼下的不便"。该理念随着客户期望的变化而调整。

7-11在初创期打出了"竟然还在营业，太棒了！7-11，好心情！"的宣传标语。最初，营业时间从早7点至晚11点，后来又改为全天24小时营业。那时企业理念的核心就是时间的便利性。日本7-11的宣传标语借鉴了美国7-11的宣传标语"Thanks Heaven, Seven Eleven（谢天谢地，还好有7-11！）"。两个宣传口号同样都押韵，读起来朗朗上口。后来，7-11实施"把店开到顾客身边"的开店战略，企业宣传标语变成"7-11近在身边好方便"。从标语就能看出企业理念发生了微妙的变化。

罗森在初创期的企业口号是"一直为您开着门的罗森"，与7-11一样，都是把时间的便利性作为企业的核心理念。后来，随着引入各种解决顾客诸多不便的商品和服务，罗森的企业宣传口号也变为"街边的服务驿站（Hot Station）"。其中，"Station"形容罗森便利店像人流密集的车站一样，"Hot"意指繁华热闹、让人情绪高涨的地方。这样，罗森的企业理念也升级为"打造多功能便利店"。

为实现上述企业理念，保证企业在竞争中的优势地位而实施的战略就叫作企业战略。本章，我们将围绕便利店优势战略，即高准入壁垒的建构展开讨论。

功能战略是把企业战略具体化，包括商品战略、店铺运营战略、教育战略、店铺开发战略、FC战略、物流战略、信息系统战略等。接下来，我们将按照第1部"企业战略"、第2部"店铺运营战略"、第3部"商品战略"、第4部"开店战略"、第5部"物流战略和信息系统战略"的顺序依次展开论述。

第2章 便利店事业框架

2. 如何抬高准入壁垒？

【前位企业的垄断率】	占有率	百货商店	超市	便利店	家电量贩店	药妆店	家居超市
	前10名企业	85.7	75.5	92.2	97.5	76.2	80.8

据2013年日本各业界资料和各企业决算资料制作

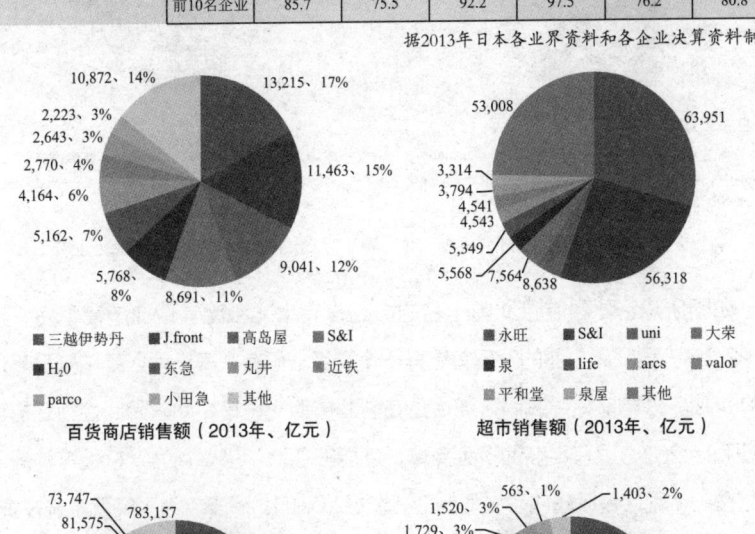

百货商店销售额（2013年、亿元）

超市销售额（2013年、亿元）

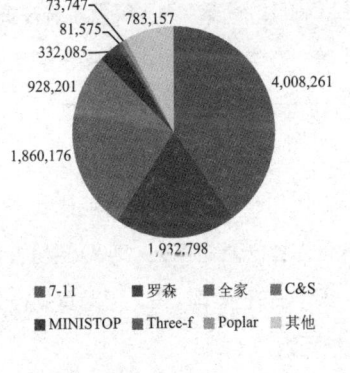

便利店销售额（2014年、亿元）

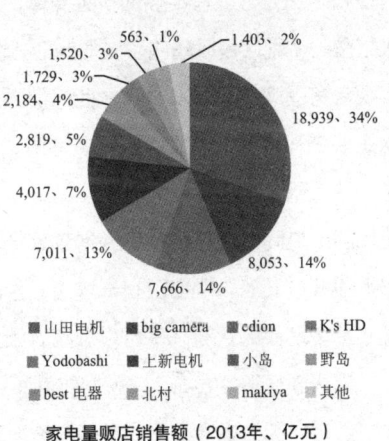

家电量贩店销售额（2013年、亿元）

便利店的企业战略

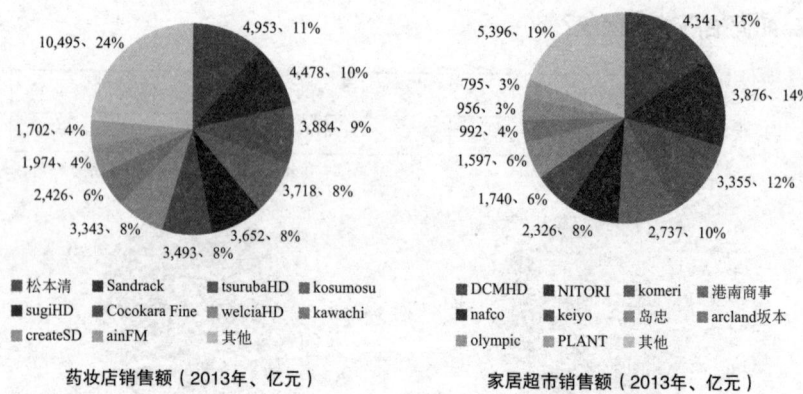

药妆店销售额（2013年、亿元）　　家居超市销售额（2013年、亿元）

如图所示，便利店企业前十名的市场占有率之和比其他业态高很多，约为92.2%。便利店企业的发展有这样一个特点：只有在某一地区集中开设超过500家店，才能够站稳脚跟。即便是在创业初期，也是如此。因此，创业初期的便利店企业必须有足够的资金支撑，才能够存活。早期，为了打破这种高准入壁垒，便利店是以超市子公司的形式发展起来的。后来，为了降低系统投资、实现自有品牌商品开发及降低商品配送成本等，在一定地域内构建高密度店铺网是非常有必要的。发展到成熟期时，是否拥有10,000家门店已成为行业门槛，准入壁垒非常高。

超市之间的规模竞争也变得越来越激烈。但对超市来说，只要能找到一个好地段开成旺店，哪怕只有一家店，也能保证生意一直做下去。但对便利店来说，繁华地段的优势几乎可以忽略。因为，即便开在繁华地段，但因其规模太小，销售额绝不会太高，这就导致其商品供给受阻。

便利店因为规模小所以是高成本运营的。为降低店铺运营费用，挤出利润，必须要对信息系统进行巨大投资。店铺量不够的话，无法进行信息系统投资。

由此可见，便利店行业的准入壁垒原本就很高。而且，在与其他竞争对手

第 2 章 便利店事业框架

厮杀的过程中，便利店企业要不断自我优化，进一步提升行业准入条件。这也使得便利店的准入壁垒比其他业态高很多。最后的结果就是，便利店企业前十名的总市场占有率达到惊人的 92.2%。

构建便利店行业竞争优势和准入壁垒的最关键一点是：集中在某一地区铺设大量位置好、竞争力强的店铺，从而牢牢占据这个地区的市场优势。在某一商圈中，最好的位置仅有一个。便利店本身不具备集客能力，所以是否为最佳位置决定着便利店的生死存亡。同时，因为便利店是辐射范围不大的小型商店，如果仅有一家店，是无法将整个商圈紧紧掌握在手中的。为了霸占整个商圈，必须要接连开店，且开在最好的位置。这种以在某一地区最好位置为中心集中开店的策略，是便利店行业高准入壁垒形成的最主要原因。

连接厂商与加盟店的集商流、物流、信息流于一体的平台，是支撑小型、高成本的便利店运营的强大后盾。该平台少不了一个投资庞大的信息系统，因此需要大量的店铺来支撑。这也就是为什么店铺数量会成为衡量准入壁垒高低的原因。

另外，为开发自有品牌商品，便利店对销售规模也是有一定要求的。

尤其是便利店的服务型商品，往往需要庞大的经费来支撑信息系统的开发。不少中等规模的便利店企业，甚至准大型便利店企业都因为在信息系统开发方面投入资金力度欠佳而导致竞争失利。因此，服务型商品的有无，是形成高准入壁垒，确保企业竞争优势的绝对条件。

3. 通过各种理论叠加构筑的企业战略

①产业化理论：也叫作 3S 理论。采用制造业的大规模生产的技术，使得零售业的大量销售成为现实

②超级市场理论:"自助购物、现金支付、顾客持货回家"模式削减了企业运营成本,使得商品平价销售成为现实

③连锁店理论:"本部和门店的责任分工制度"使得连锁店遍地开花

④特许经营(FC)理论:本部和加盟店的责任分工使共同经营成为可能

⑤供应链管理(SCM)理论:在厂家与加盟店之间搭建了一个平台

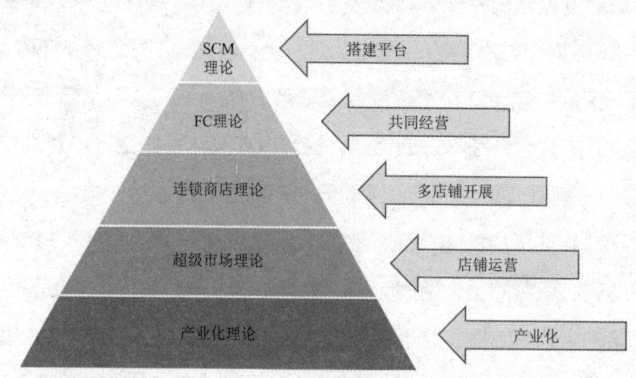

便利店行业在发展历程中,引入了上述经营理论,这标志着现代化零售业的形成。

福特汽车公司在20世纪初期实现T型车大规模制造的那套手法是产业化理论的原点,俗称3S理论,是实现产业效率化的基本手段。3S理论的出现,将制造业的大量生产的技术运用到零售业中,从而形成了大量销售技术,使零售业走向了现代化。

日本丰田汽车公司首次提出了关于库存管理的、有名的"看板管理"理论。美国西尔斯百货在创立初期加以借鉴,运用在邮购业务的库存管理上,其销售额一度跃升为美国国内第一名。这样的范例向我们说明了一个道理:制造业的诀窍也好,零售业的技巧也罢,只要是先进的理念,就可以跨越业界、国界、

第 2 章 便利店事业框架

值得所有国家的企业学习。

超级市场理论的原点是 Michael·J·Cullen 于 1930 年（当时正值美国经济大萧条）在美国纽约开了第一家超市场，从而确立了低价销售系统理论，将传统零售行业的面对面销售、赊销、送货到家等特点转变为自助购买、现金支付、顾客持货回家，确立了廉价销售的根基。

连锁店理论强调将所有企业活动由本部集权把控，各门店只需集中精力提高销售额，从而提高经营效率。同时，本部以多店铺形成的高销售额为支撑，改善进货条件。顺便说一下，百货商店经营是分店经营、分店采购。这种方式无法发挥集中购买的优势。

特许经营（FC）理论最早由美国胜家缝纫机公司于 1850 年提出。随后，福特汽车、可口可乐、壳牌等众多生产商陆续将特许经营作为"选择性渠道"应用。20 世纪 50 年代，FC 理论又分别被当肯甜甜圈（Dunkin' Donuts）、汉堡王、麦当劳等快餐企业作为商业模式的特许经营方式采纳。后来，FC 理论又被应用于零售行业的便利店。对规模小、运营成本高的便利店来说，FC 理论通过本部和加盟店共同运营、责任分工的方式，使得资源和资金得到合理配置，对企业和加盟店发展起到了强大的助推作用。

供应链管理（SCM: supply chain management）理论指的是，从原材料供应商到最终需求方的全部流程融合为一个整体商业过程，打破企业和组织之间的壁垒，达到整体最优化，提升产品、服务对于顾客的附加值，使企业获取更高收益的战略性经营管理方法。SCM 理论最早由美国咨询公司 Booz Allen Hamilton Holding Corporation 于 1983 年提出，它倡导在生产商和加盟店之间构建完整的商流、物流、信息流平台。

值得一提的是，美国咨询公司 Booz Allen Hamilton Holding Corporation 曾在 1975 年向日本大荣超市提出了新的销售方法提案。在此之前，大荣超

便利店的企业战略

市的卖场是按照生产商的商品来分类的。而 Booz Allen Hamilton Holding Corporation 建议其将商品按照顾客用途来分类。以鞋类卖场举例来说明：在以前，男士、女士、小孩穿的鞋都放在同一卖场。而 Booz Allen Hamilton Holding Corporation 在新提案中建议大荣超市按照顾客用途把男鞋卖场又分为商务鞋卖场、休闲鞋卖场等，同时在旁边陈列公文包、男士饰品等，按照顾客的使用用途进行商品提案。不仅大荣超市采纳了这一建议，后来，全部超市都采用了按商品用途分类的卖场陈设方式，并延续至今。

销售方法从产品类型向顾客用途转变，商品分类也随之做出调整。商品分类发生了变化，卖场责任制和采购责任制也随之改变，进而店铺和商品部的组织架构也发生改变。艾尔弗雷德·D·钱德勒曾说过"组织服从于战略"。经事实论证，组织确实是随着销售战略的变化而发生相应改变的。

第 2 章　便利店事业框架

/便利店的小商圈战略/

1. 与超市完全相反的生存之道

①超市的竞争力在于"价格便宜""商品种类多、卖场规模大"

◇为普通家庭的衣食住等方面的商品需求提供一站式购齐服务

②便利店的特点是"货价不便宜""商品种类凝缩、卖场规模小"

◇为消费者解决眼下的不便

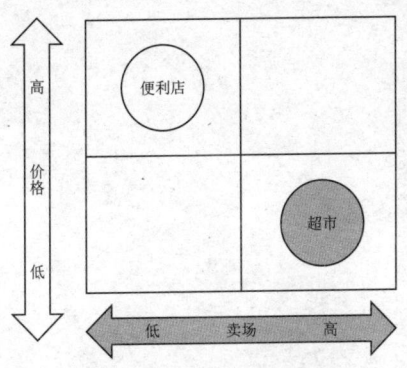

与超市完全相反的便利店事业模式

　　超市在初期因出售的商品价格低廉而迅速确立竞争优势。后来，超市发展成为"商品种类多、卖场规模大"的一站式购齐超级市场的商业模式。家庭主妇为整个家庭购买衣食住等各方面生活必需品时，第一选择就是超市。大型超市为了向消费者提供一站式购物的便利性，往往需要备齐二十多万种商品。

便利店的企业战略

便利店的模式与超市恰恰相反,"货价不便宜""精选商品种类、卖场规模小"是其最大的特点,它的商业模式是"解决个体顾客眼下的不便"。

便利店的这种特点,决定了它只能做小商圈的生意。就如同大型店铺只有置身大商圈内才能存活,但大商圈不满足解决顾客眼下不便的条件。小型便利店仅有在小商圈内,才能实现"解决顾客眼下不便"的目标。并且,身处小商圈、自身规模小也决定了便利店的货品种类不会非常齐全,只可能出售销量好、最能解决消费者不便的商品。为此,即便价格略贵,消费者也愿意购买。

2. 把店开到顾客身边

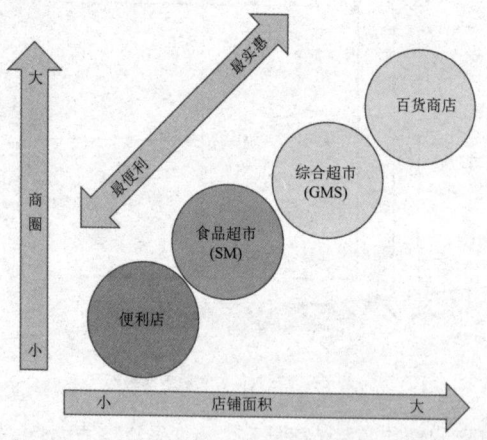

大型零售企业的业态多样化,既有"吸引顾客来店"的业态,也有"把店开到消费者身边"的业态。百货商店、综合超市、食品超市都是具备主动集客能力的零售业态。而便利店店面小、货品种类不足、价格贵,不具备主动招揽

第2章 便利店事业框架

顾客的能力。所以，便利店也被称作"把店开到顾客身边"的零售业态。

普通百货商店的卖场面积一般在4万~5万m^2。大都市内大型百货商店卖场面积超过10万m^2、货品种类超过100万种。而且绝大多数商品是平时生活里不会购买的高额奢侈品。除了货品种类多，百货商店由于汇集高级专卖店、经常举办美术展等各方面因素的促进，从而具备了极高的集客力。它们的商圈半径大都超过50km，商圈内客流量数百万人。

大部分综合超市的卖场面积一般在8,000m^2左右，超大型超市的卖场面积甚至超过2万m^2。货品种类也在10万种左右，超大型超市近20万种。综合超市的商品和百货商店不太一样，它们的商品以普通家庭的生活必需品为主，价格低廉。除了商品种类多，超市还会通过定期推出超低折扣商品等促销活动，并派发活动的宣传单页以吸引顾客来店。大型综合超市还会招募热门大众品牌的专卖店入驻，从而形成大型购物中心，以进一步增强揽客力。大型综合超市所处的商圈半径为5km~10km，拥有数十万人的客流量。

食品超市主要出售普通家庭一日三餐所需的食材，卖场面积在1,000~2,000m^2，并不很大。商圈辐射半径为2~3km，拥有几万人的客流量。

便利店最初卖场面积在100m^2左右。后来，随着不断发展，卖场面积进一步扩增至120m^2。但与上述三者相比较，便利店的规模还是太小。便利店出售的商品也仅仅局限于"能够解决顾客眼下不便"的商品，在2,800~3,000种。便利店的商圈半径仅为300~500m，客流量仅为2,000人左右。

3. 小商圈的便利店主卖畅销品

①便利店将便利性放在首位，覆盖的商圈小，出售的商品种类有限，所以必须以畅销品为主

便利店的企业战略

②网络销售覆盖的是超广域商圈,即便是长尾滞销品也有打开销路的可能性

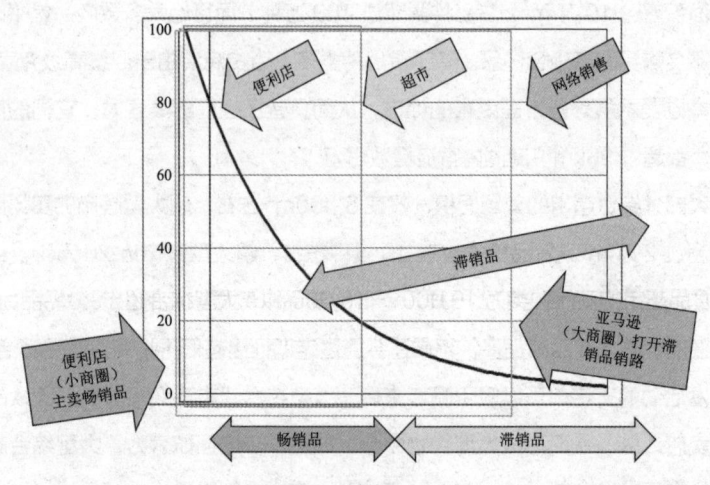

品目销售额累计

上图按照商品品目的销售额累计从高到低进行排序。我们将商品按照以下方式分类:A:销售额累计70%、种类数累计10%。B:销售额累计20%、种类数累计20%。C:销售额累计10%、种类数累计70%。其中,A为畅销商品、C为滞销商品,一般得下架才行。

店铺增加客流量的途径有两种:一、扩大商圈覆盖范围。二、增加顾客来店次数。所有的实体店都是靠这两种方法来提高营业额的。但是,商圈是不会无限扩大的,顾客来店受距离所限。一般来说,百货商店的顾客到店频次最少,有的顾客甚至一年只去几次,所以哪怕距离远点偶尔也愿意跑一趟,但即便如此,百货店的商圈辐射半径最多也不过50km。每周光顾1~2次的综合超市的商圈辐射半径约为5~10km。基本每天都得跑一趟的食品超市的辐射半径

第 2 章 便利店事业框架

为 2～3km。便利店的辐射半径最大不超过 500m。不同业态决定了顾客来店频次，来店频次决定了商圈，商圈决定了顾客数量。我们从 A、B、C 数据分析得出，货品种类和数量取决于不同的业态模式。

便利店标榜的是为顾客提供方便，其所在商圈一定不会太大。因为如果商圈太大的话，其便利性就会大打折扣。当辐射半径小于 500 米时，其周边常住的人口数量就固定了，再以平均来店频次计算，便利店每天的客流量基本就稳定在 800～1,000 人。由于来店顾客少，所以必须得精选顾客最想购买的商品，这样一来只能以畅销商品为主，商品种类仅有 2,800～3,000 种。

食品超市的商品种类为 10,000～15,000 种、大型综合超市的商品种类为 10 万～20 万种、百货商店的商品种类约为 100 万种。不同业态的商品种类及数量肯定也是不同的。实体店的销售取决于商圈，而商圈并不能无限扩大，所以商品种类及数量也不可能无限增多。不同的业态决定了商品种类和数量，与此同时，不同业态也决定了该进哪些畅销品，或该把哪些滞销品清出去。

从上述分析中，我们可以看出，综合商超趋于增加所谓"头部"商品，即 A、B 两类商品，而必须把"尾部"商品，即 C 类商品清理出去。而便利店必须进一步精选畅销品中的畅销品，即 A 类商品中的超级畅销品。

无店铺网络销售的话，顾客无须亲自到店消费，也就不存在商圈大小的制约。换句话说，无店铺网络销售所面向的商圈包括日本全境乃至全世界。所以，无店铺网络销售的商品种类可以无限扩增。零售业巨头亚马逊的在库商品数量约为 450 万种、可检索商品数量多达 2 亿种。在实体店滞销的商品，拿到网上销售后，反而成了畅销品。这一部分商品的销售额占了亚马逊总销售额的 25%。

便利店的集中开店战略

1. 集中开店战略促进小型店铺的低成本化

① 7-11 认识到集中开店带来的好处后，开始彻底实施集中开店策略（效率 = 占有率 × 日销售额）

②罗森的目标是在全国铺开，因为采取集中出店策略，导致经营效率低下

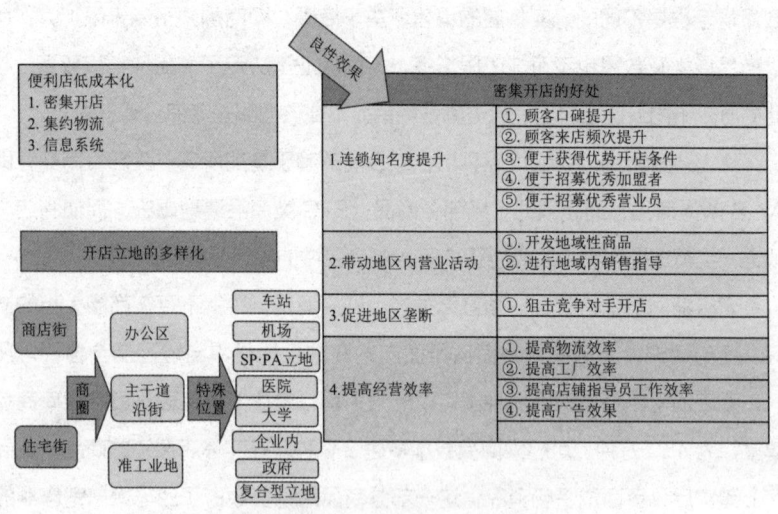

集中开店战略促进小型店铺的低成本化

便利店将提供便利放在首位，但因为商圈小，其顾客数量、商品种类也是有限的，故便利店只能走小型店铺路线。

第2章 便利店事业框架

但小型店铺的弊端是运营成本高且抗风险能力低。为弥补这一劣势,便利店企业往往会在某一地区集中开店,也就是占优策略。占优战略是便利店发展最强有力的策略。

集中开店所带来的最直接效果就是连锁品牌认知度得到提高。认知度提高后,顾客对店铺的评价因光环效应也会随之提高。口碑提升,顾客来店频次也会随之变多,从而提高便利店的销售额。顾客评价度提升还会带来一个好处,就是房地产中介会介绍更多的好位置过来,便于便利店在更好的地段开店,销售额也会随之提高。顾客评价提升,还会有助于招募大批优秀的加盟商和店员,从而能提升店铺运营水平。如此一来,又能获得更高的销售额、赢得顾客更高的评价。

集中开店所带来的另一个效果就是当某一地区的店铺数达到一定数量后,就能推出更符合当地情况的促销策略,从而提高销售额。某一地区店铺数增多到一定数量后,便利店总公司才会研发适合该地区的商品。这样的商品往往会得到当地消费者的支持,从而提高销售额。

比如,便利店卖的关东煮的鱼露汁就是有地方特色的。便利店会按照地方口味将全国划分为6～7个地区,并研发出不同味道的鱼露汁,从而得到当地居民的青睐,进而提高了关东煮的销售额。如果在某一地区的店铺未达到一定数量时,是不可能进行上述商品研发的。

另外,想要推进扎根地方的营销策略必须强化地方销售指导。在日本,纪念先祖的盂兰盆节,有的地区按新历过,有的地区按旧历过。小学运动会一般在秋季举行,但寒冷地区会在初夏举行。各地区的节日、活动均有差异。如果能在节假日或举办活动时,及时进行细致周到的销售指导的话,可以有地效提高销售额。

集中开店所带来的第三个效果就是形成地域垄断。便利店是小型店铺,单个店铺的实力并不强。但是,通过集中在某一地区开店,形成地域优势,其他便利

便利店的企业战略

店就会很难打入进来。弱小的店铺紧密团结在一起,可形成坚不可摧的集团。

集中开店所带来的第四个效果是经营效率的提升。在某一地区形成密集店铺群后,会使便利店特有的高物流成本大幅削减。便利店的配送中心可以辐射半径30km,配送中心在这个范围做配送的店铺数应不低于300家。在某一地区店铺数达到300家以上的便利店企业,和在某一地区店铺数未达到300家的便利店企业,在物流成本方面有着明显的差距。其差距具体反映在进货成本上。举个例子,某便利店企业在距配送中心100km处开了第一家新店。数年后,同地区的店铺数量超过了100家。但是,在该地区店铺数量未达到100家之前,不得不依靠100公里外的配送中心进行配货,配送费肯定昂贵。假设这时在该地区新建一个物流配送中心,但因该地区店铺数还未达到300家,配送费仍会居高不下。便当、饭团等自主研发商品的工厂也面临和配送中心一样的情况。

便利店本部会委派督导到各加盟店进行指导,每周两次。如果该地区店铺密集,就可以大大节省督导往来于各加盟店的时间,提高工作效率,降低指导成本。

另外,某一地区店铺集中还可以节约广告成本。比如,在某一地区有1,000家店铺的便利店企业,和在某一地区有3,000家店铺的便利店企业,同时花费同等资金用于广告投放,平均每个店铺的广告费成本会相差3倍。

综上所述,集中开店战略的效果对便利店的经营有着决定性作用。

7-11的母公司伊藤洋华堂一直以来恪守集中开店策略,并取得了骄人的成绩。而罗森母公司大荣走的是全国连锁战略。虽然集中开店战略对于便利店比超市更至关重要,然而罗森还是像母公司一样采用了全国铺开的策略,最后导致其经营效率与7-11渐渐拉开差距。

小型便利店的集中开店策略,才是其生存之道,也是形成高准入壁垒的主要原因。

第 2 章 便利店事业框架

/便利店的轻资产经营/

1. 便利店的价值链

①供应链的统合：原材料采购、生产制造、物流、销售、库存管理、店铺运营均外包出去，都是由本部从头到尾统一管理

②聚焦核心竞争力：向企划业务倾斜，注重集中和选择

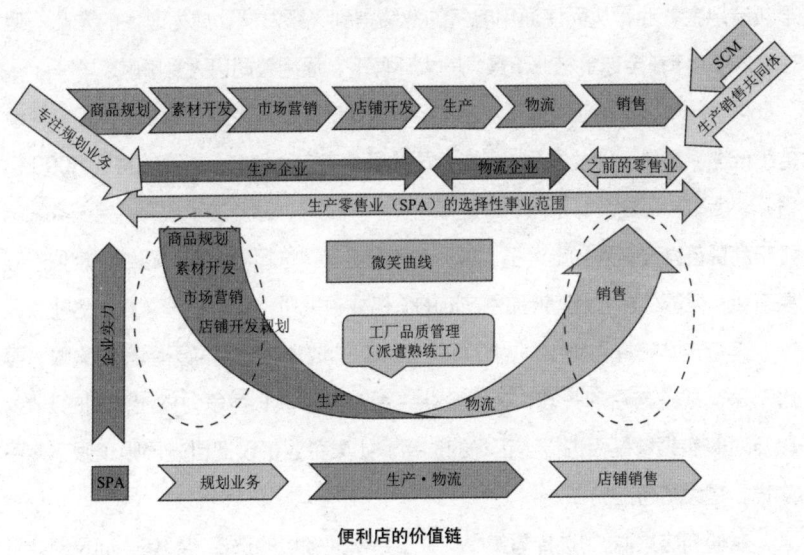

便利店的价值链

1985 年，哈佛大学的迈克尔·波特（Michael Eugene Porter）教授在其著作《竞争优势》（*Competitive Advantage*）中提出了价值链的概念。所

便利店的企业战略

谓价值链,就是企业在事业活动过程中的每一个环节都是增加附加价值的活动,是一系列价值活动的集合。价值链为企业带来竞争优势的原因是企业内部各种价值活动相互连接,从而具备了应对市场需求的强大适应性,为顾客创造价值。迈克尔·波特提出了三个基本战略:一是成本领先战略(cost-leadership),二是差异化战略,三是聚焦战略。便利店企业没有必要兼顾所有领域,做得大而全,只需将精力集中于自身擅长领域和产生利润领域即可,这正好印证了聚焦战略的原则。

在竞争优势战略的指导下,便利店本部、加盟店、生产商、物流公司四者分工明确,各尽其能,构建起完整的价值链,确立起企业的竞争优势地位。

1981年,美国通用电气CEO杰克·韦尔奇秉承"选择与集中"的理念,果断涉足金融业,从而使通用电气的业绩得到飞跃发展,成为时代的宠儿。但是,2017年在全球金融业不景气的大环境下,通用公司也大受影响。

再举一个日本企业的例子。日本经济泡沫破裂后,大型家电生产商日立业绩持续低迷。雷曼事件发生后,日立公司的经营赤字达到史上最高的将近8000亿日元。后来,日立及时采取了"选择与集中"战略,才逆转了败局。另一家家电生产商夏普就没有那么走运了。虽然夏普也走了"选择与集中"路线,定位于液晶事业,但最终在与台湾液晶生产商的价格战中失利,被鸿海精密工业收购。

坚持走"选择与集中"的众多企业,有的成功,一飞冲天;有的失败,萎靡不振。成败与否的关键,在于企业是否对自身核心竞争力做出清晰的判定,以及对聚焦领域是否进行了正确的选择。如果企业仅仅把目光局限于眼下赚不赚钱,是大错特错的。

对便利店来说,"选择与集中"并不是事业领域的选择、聚焦,而是对企业运营的各环节进行选择与聚焦,判断应该承担哪些环节。只有这样,便利店才会引导有限的资源流向最有效的部门,从而提高准入壁垒,增强企业竞争优势。

第2章 便利店事业框架

2. 委托外包商业模式

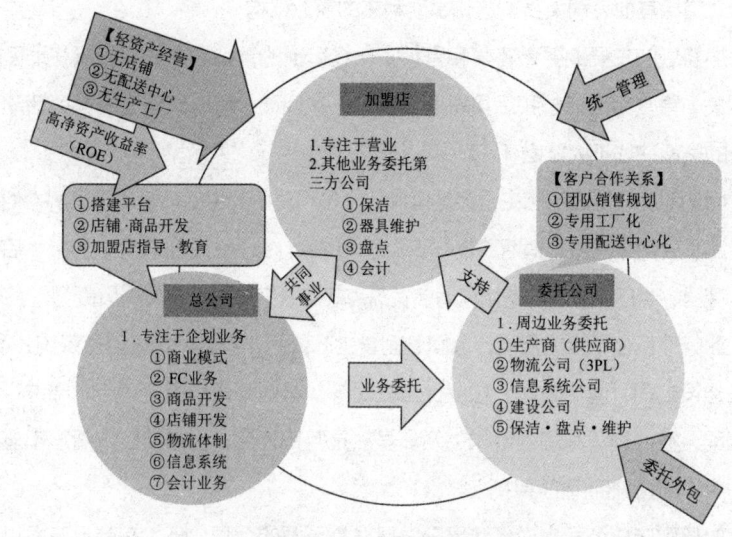

便利店的委托外包商业模式

据迈克尔·波特价值链概念中的聚焦战略分析,便利店事业结构分为本部、加盟店、业务外包公司三大块,三者各自承担应尽责任,形成完整的价值链。换句话说,便利店企业并没有承担全部职能,而是将不同业务交给不同领域的佼佼者去完成。这种委托外包形式的"轻资产"经营方式,大大提高了企业运营效率。

对便利店本部来说,制定企业发展模式的企划工作是至关重要的职能。其次重要的是为了实现既定的企业发展模式的特许经营权的销售工作。因此,特许经营套餐方案的开发企划以及相应的店铺开发是第二重要的工作。再次,还有卖给顾客的商品·服务产品的开发企划以及为保证顺利提供这些商品·服务所需搭建的商流、物流、信息流平台企划等。另外,便利店是特许经营模式,本部有责任和义务对各加盟店进行业务指导和培训。

便利店的企业战略

因此,便利店总部聚焦各种企划业务,销售、制造、物流业务以委托外包的形式交给其他公司负责,这就是便利店的事业架构。

加盟店的主要业务是售卖和营销。一线店铺的营销活动必须和所在地区密切相关。直营店的店长和店员每两年进行一次调动,所以直营店的营销活动与当地的关系往往不太紧密。

而便利店加盟店的店主是该地区常住人员,对所处生活环境非常了解,他只要专注于店铺经营和营销活动就好了。烦琐的会计业务由本部代劳。另外,店铺物业管理、清扫业务、店铺用具清洁、盘点等业务交由第三方公司负责。

业务外包公司包括便当、饭团、副食生产公司,物流公司,信息系统公司,店铺建设公司,清洁公司,物业保全公司等。这些公司均由便利店本部进行组织调配,彼此构成稳固的协作关系。虽然是委托外包,但掌控权依然牢牢握在便利店本部企划部门的手中。

对便利店总公司来说,商品开发是非常重要的企划业务。在商品开发过程中,原材料生产商、调味料生产商、包装材料生产商、产品制造商等数个相关企业均会参与其中,进行合力开发,这个过程有专业名词,叫团队营销规划(Team merchandising)。按照竞争原理,在企业商品开发会议上,会做出最终决定,让提出最佳方案的原材料生产商提供原材料、提出最佳方案的调味料生产商提供调味料、提出最佳方案的包装材料生产商提供包装材料、提出最佳方案的产品制造商进行生产。

通过委托外包的轻资产运营模式,便利店企业借助了加盟店的部分资源,减轻了自身的资本压力,加快了企业运转效率,使得ROE(净资产收益率)大大提高。

通过委托外包,便利店优化组合了别家公司的强大功能,并形成组织化,比起单枪匹马地干,这样更能发挥1+1>2的效果,形成高准入壁垒。

第2章 便利店事业框架

3. 土地泡沫和轻资产经营

①银行土地本位制的施行和日元升值,迫使银行降低利率,由此引发土地泡沫。从20世纪70年代之后的20年间,日本土地价格暴涨6倍

②后来,银行大幅提高利率,土地价格降为原来的四分之一,日本走入"失去的20年"

③FC的A类店铺:加盟店本身具备土地、店铺等硬性条件

④FC的C类店铺:便利店本部提供土地、店铺。土地、店铺一般是租借或返租的

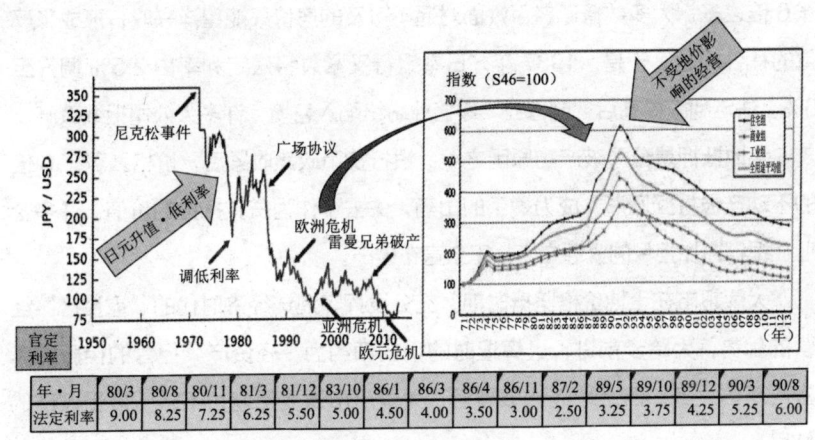

年·月	80/3	80/8	80/11	81/3	81/12	83/10	86/1	86/3	86/4	86/11	87/2	89/5	89/10	89/12	90/3	90/8
法定利率	9.00	8.25	7.25	6.25	5.50	5.00	4.50	4.00	3.50	3.00	2.50	3.25	3.75	4.25	5.25	6.00

土地泡沫和轻资产经营

据日本国土交通部资料制作

第二次世界大战结束后,美元兑日元汇率一直固定在1美元合360日元。后来,美国发动越南战争,美元开始贬值。1972年"尼克松事件"后变为可浮动汇率,1美元约合300日元(美元贬值)。即使如此,美国经济仍无法恢复到60年代鼎盛时期的状况。1985年,发达国家的财政部部长们在纽约广场酒店召开会议,达成允许美元贬值的协议,即广场协议。在此之后没过几年,日

元由开始的 1 美元约合 300 日元暴涨为 1 美元合 100 日元，1995 年最高点时 1 美元不到 80 日元。

日元暴涨导致出口业面临前所未有的危机。为应对恶劣的国内形势，日本银行把法定利率急速大幅下调，1980 年的法定利率是 9%，而 1987 年的法定利率仅为 2.5%。这样一来，导致了资金流动过剩，大量闲置资金流向不动产和股票市场，从而使得房价和股票价格飞速提升。

在当时，人们从银行借款必须要用不动产做抵押。日本人戏谑地将之称为"土地本位制"。土地流动过剩，导致土地价格从 1970—1990 年的 20 年间暴涨 6 倍之多。大多数普通老百姓面对遥不可及的房价只能望洋兴叹，形成了严重的社会问题。于是，1987 年，日本银行又紧急将法定利率由 2.5% 调升至 6%。法定利率提高后，制造业、零售业纷纷陷入窘境，许多大公司相继破产。

土地抵押是公司破产的原因之一。银行货币政策收紧后，价格暴涨了 6 倍的不动产被打回原形，成为烫手的山芋，失去了作为贷款抵押的价值。许多企业在银行追加担保的紧逼之下，无奈宣布破产。

大荣超市在土地价格坚挺时期，充分发挥了泡沫经济时代的"重资产"经营的优势，大跨步前进，最辉煌时的销售额约为"轻资产"经营的伊藤洋华堂的两倍之多。但土地泡沫破裂后，大荣超市遭受重创，不得不接受破产的结局。

经济泡沫破裂带给我们的教训是：企业经营是靠主业来赚钱的，而不是建立在任何经济泡沫基础之上的。便利店企业需要踏踏实实地将心思全部放在如何经营好本业上，而不是寄希望于土地等其他经济泡沫的轻资产经营模式。

第2章 便利店事业框架

4. 专营本业带来自有资本率的提高

① 1990年经济泡沫破裂，土地本位主义的大荣超市负债累累，陷入资不抵债

② 现今，永旺负债超6万亿日元之多，自有资本占比仅为15.4%，在高利率时代承担着过高风险

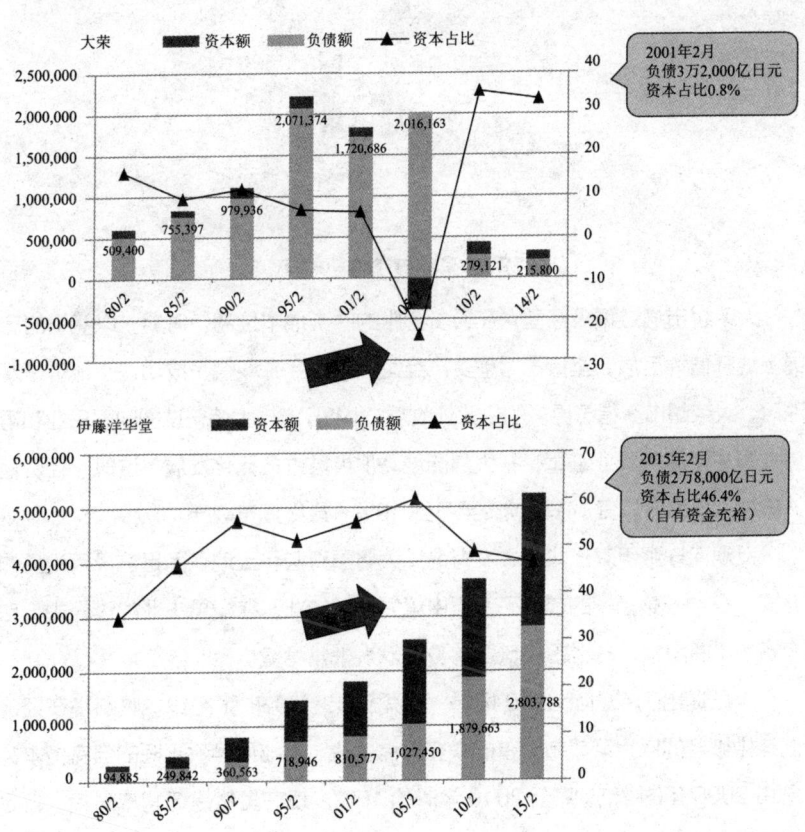

便利店的企业战略

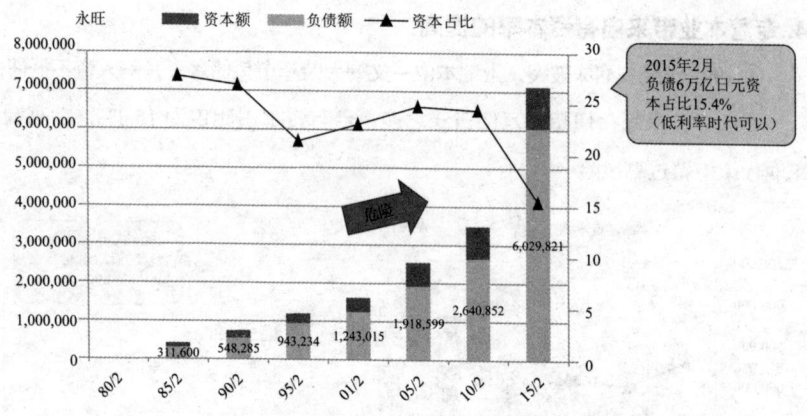

专营资本带来自有资本率的提高

大荣超市通过积极经营，在通货膨胀的"土地本位制"时期，以海量的店铺土地升值为后盾，坚持走"重资产经营"路线，并取得了成功。土地价格暴涨后，大荣超市获得了更多的主业外收益。1985年，大荣曾试图向娱乐业和酒店业等生活服务产业进军，并大肆圈地，积极推进多元化发展。这时，经济泡沫破裂，大荣自有资本率迅速降至不到10%，最终宣布破产。

反观保守派伊藤洋华堂，没有选择大量囤积购买土地，而是选择用租赁的方式，在"一身轻"的前提下，集中精力发展主业。在发展主业的过程中，自有资本不断积累，占比超过50%，财务状况非常稳健。

永旺提出了"Global 10构想"，积极推进业务扩张路线，收购了在经济泡沫中破产的以大荣超市为首的众多不良企业。其结果导致永旺的自有资本比例由2000年的25%降至2010年时的15%。现在虽然是低利率时代，但是不久之后通货膨胀到来时，永旺将会背负超过6万亿日元的债务。因此，永旺必须要在危机来临前，把越来越不赚钱的综合商超业态扭亏为盈，实现收益增长。

第 2 章 便利店事业框架

5. 高 ROE 的实现

FC 类别投资

便利店投资模式		A 类型（有土地·经营场所）		C 类型（无土地·经营场所）	
区分	明细	加盟店负担	总公司负担	加盟店负担	总公司负担
加盟费	小计	250 万日元		250 万日元	
投资额	店铺租金				500 万日元
	店铺建设费	2,500 万日元			2,500 万日元
	设备费		1,500 万日元		1,500 万日元
	小计	2,500 万日元	1,500 万日元		4,500 万日元
运转资金	商品货款		350 万日元		350 万日元
	开店前各项经费	110 万日元	10 万日元	110 万日元	60 万日元
	小计	110 万日元	360 万日元	110 万日元	410 万日元
开店前投资总计		2,860 万日元	1,860 万日元	360 万日元	4,910 万日元
加盟店和总公司总计		4,720 万日元		5,270 万日元	

轻资产经营模式下的高 ROE

零售业平均 ROE 为 3.9%

2015 年度实绩	伊藤洋华堂	7-11	罗森	优衣库	NITORI
销售额	1,289,586	4,291,067	2,049,554	1,786,473	458,140
当期利润	-23,923	162,910	21,802	54,074	46,969
销售额对比	-1.9	3.8	1.1	3.0	10.3
ROE	-4.2	12.3	9.0	9.0	14.5

　　便利店的主要业务是将特许经营权卖给加盟店。便利店的特许经营权加盟套餐分为两种：一种是原本经营传统的烟酒专卖店等，现在把原有店铺改装为便利店，用于特许经营加盟，我们把这种情形的加盟称之为 A 类。另一种是在无现有店铺的前提下，原本是工薪族转行做便利店，我们把这种情形的特许经

097

便利店的企业战略

营权加盟叫作 C 类。

上述两种情形的加盟店在正式开店前，便利店本部和加盟店均各自承担一定的出资。接下来我们把出资分成加盟费、投资额、运转资金三大块来具体说明。

首先，加盟店需要向便利店总公司支付加盟费。A、C 两种情形的加盟费均为 250 万日元左右。

其次是店铺投资额。A 类加盟店已有土地和经营场所，所以仅需承担 2,500 万日元的装修费即可。C 类加盟店由便利店本部提供土地和经营场所，包含装修。但是，本部要向土地和经营场所实际拥有者支付房租。2,500 万日元的装修费也由本部承担。因此 C 类加盟店的这部分负担为零。

冰箱、冰柜、陈列架、收银系统等设备的投资约为 1,500 万日元，无论 A 类还是 C 类，该部分费用均由本部承担。

作为运转资金的货款大约需要 350 万日元。这笔费用都由本部先行垫付给厂商，加盟店开始经营后，从营业利润中分期返还即可，A 类和 C 类都无须承担。加盟店需要提前投入的还有其他各种杂费：各种保险费累计 10 万日元、加盟店开店前的人工费约 50 万日元、开店准备零钱约 50 万日元，总计约 110 万日元。C 类加盟店的经营场所由总公司提供，所以还需缴纳 50 万日元的租金。

加上本部提前垫付 350 万日元的货款和 10 万日元的广告费，A 类加盟店投资金额为 4,720 万日元。其中，加盟店承担 2,860 万日元、本部承担 1,860 万日元。

C 类加盟店的投资金额为 5,270 万日元。其中，加盟店承担 360 万日元、本部承担 4,910 万日元。

开店后的花费包括人工费、水电暖费、销售消耗品费等。这方面，A 类和 C 类都一样。但是 A 类加盟店由于投资 2,500 万日元用于装修，固定资产折旧

第 2 章 便利店事业框架

费相对较高。以上花费的数额多少,不仅取决于本部的指导水平,还取决于加盟店店长的管理水平。加盟店的销售额也与加盟店店长的能力直接挂钩。

加盟店向本部缴纳的特许经营权使用费,取决于上述投资金额的负担比例和店铺运营经费的负担比例。投资金额和经费负担较多的 A 类加盟店向总公司缴纳销售额 10% 左右的特许经营权使用费。投资金额和经费负担较少的 C 类加盟店向总公司缴纳销售额 15% 左右的特许经营权使用费。但是,各便利店品牌的日销售额和毛利率不尽相同,其特许经营权使用费收取标准也不一样。7-11 的特许经营权使用费较高,而罗森为吸纳更多加盟店铺收取较低的特许经营权使用费。随着品牌排名的降低,特许经营权使用费率也降低。在 7-11 独占鳌头的形势下,其余便利店企业都要面临这样一个现实:只有降低特许经营权使用费,才能够吸引更多的加盟店铺。

投资和一般管理费由便利店本部和加盟店按比例分配,相比直营店全部由本部出资的模式,前者显然更能减轻资金压力,实现在短期内大量开店。可见,加盟店的投资是支撑事业成长发展的关键。并且,便利店本部的投资和一般管理费将会大大减少,ROE 也会大幅上升。

零售业的平均 ROE 为 3.4%。7-11 的 ROE 为 12.3%、罗森的 ROE 为 9.0%,两者均遥遥领先于行业平均值。

/ 便利店的 FC 商业模式 /

1. 便利店主营业务——出售特许经营权

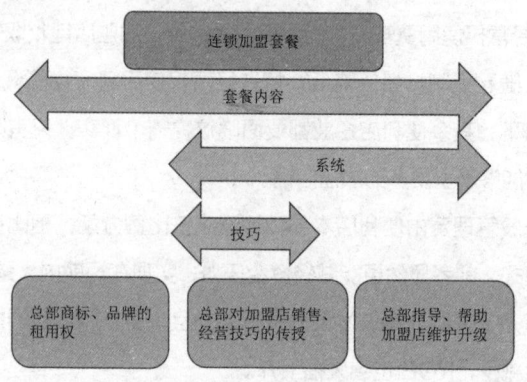

便利店特许经营权的构成

据日本特许经营协会资料制作

便利店的主要业务是出售特许经营权。特许经营权包括以下内容：①本部商标、品牌的使用权；②本部为加盟店提供经营、售卖方面的指导和支持；③本部为加盟店提供形象维护和提升上的、指导和帮助。

首先是本部的商标、品牌使用权。举个例子来说明：加盟店可以享有7-11招牌以及7-11商品商标使用权。许多连锁加盟企业仅仅把商标、品牌出租给加盟店，其他什么支持都没有。虽然收费较低，但是这样一来，本部对加盟店进行指导、培训也会大打折扣，往往无法达到令加盟店满意的效果。

第2章 便利店事业框架

其次是本部向加盟店传授经营和售卖方面的经验。包括：新店位置选定、店铺建设指导、装修施工、售卖用具、售卖设备清洁·保养方法、卖场设计、卖场商品陈列的棚割、自有开发商品提供、商品管理、促销方案、竞争店的对应方案、推荐客户、订货·收货·检品方法和工具、库存管理以及盘点方法、收银系统（POS）、从业人员招募和劳务管理、加盟主、店长以及从业人员培训等。上述支持活动的好坏很大程度地决定了加盟店销售额和利润的高低。

最后是本部为加盟店提供维护和提升的指导服务。包括：开店前对加盟商的集中培训、开店时本部的支援、开店后每周两次定期巡查，通过标准操作流程手册现场为加盟店经营、卖场、店员提供全方位指导。如果加盟店附近有竞争对手开店，本部还会专门为该加盟店准备开店前和开店后的竞争方案和应对措施。加盟店经营不善时，本部也会进行特别经营诊断和卖场指导。除此之外，本部每年会各举行一次春夏商品展示会和秋冬商品展示会。在会上，本部会针对公司方针、新系统、售卖用具、当季新品等事项向各加盟商作详细说明和介绍。

以上就是便利店本部销售特许经营权的主要内容。便利店通过把以上三方面的内容打包销售，为各加盟商提供全方位、强有力的扶持和帮助。

2. 总公司和加盟店的共同事业

①FC商业模式下，共同事业就是本部和加盟店按所投入的投资、经费比例分配利润

②本部提供策划方案、运营系统，加盟店提供人力

③创业初期加盟店准备土地·店铺（将烟酒专卖店、杂货铺进行改装）

④为加速扩大市场规模，本部也准备经营场所（用租借、返租形式拿到土地和经营场所）

便利店的企业战略

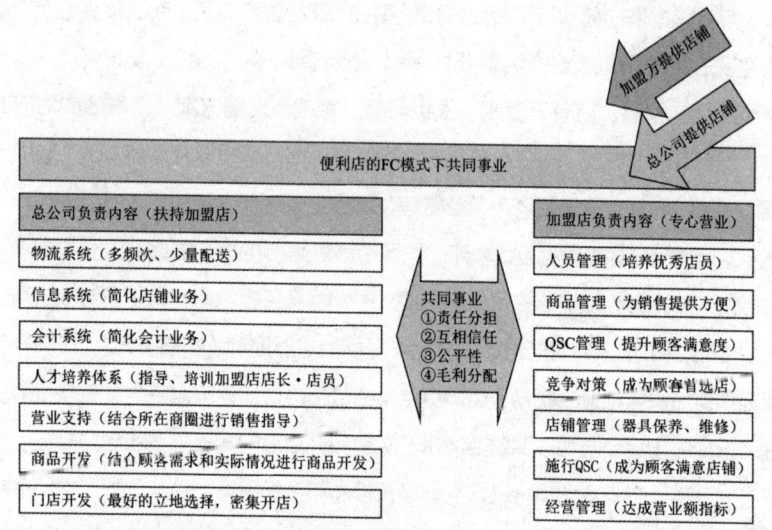

便利店特许经营模式成立的前提条件是：便利店本部和加盟店相互信任，在公平、公正、公开的基础上签订特许经营合同。

然后，作为本部和加盟店的共同事业，双方各司其职。本部用企划能力和运营体系为加盟店提供支援，加盟店通过加盟商的个人能力、管理才能把店员们团结起来，为切实满足顾客要求、提高利润而努力。最后，加盟店获取的毛利将按照总公司和加盟店出资、经费比例进行合理的分配。

本部对加盟店提供各方面的支持。其中，重要的一环是物流系统的支持。由于便利店是小型店铺，所以卖场内、仓库内都不会囤积太多商品。加盟店自然而然期望的物流系统应具备送货频率高、送货数量少的特点。打个比方说，物流公司每次给超市按箱送货的话，那么每次给便利店只能按个数来送。便利店本部会想方设法高频次、小批量地为加盟店供货，既防止出现大量库存，也要避免断货等给门店的经营带来不良影响。

第2章　便利店事业框架

本部还提供信息系统，将各加盟店繁杂的运营业务大大简化，使加盟店能够集中精力开拓销售市场。

除此之外，本部还做代理会计，替加盟店管理销售额和经费，并替加盟店向生产商先行垫付货款。本部每月都会为加盟店提供明细账单，使加盟店省去了相当多的时间和人力成本，以便更能集中精力做好售卖工作。

有人甚至把便利店称作教育产业，可见对加盟店的培养和指导工作在该行业里的重要性。通过开店前对加盟商的集中培训，开店后每周两次巡查、现场经营指导、售卖指导、店员培训等，为加盟店的运营提供支持服务。

便利店企业自主研发的便当、饭团、三明治、副食等自有商品也在一定程度上决定着销售额的高低。本部的商品研发同样也是为加盟店的销售额提供强有力的支持。

为保证店铺24小时运营顺畅，加盟商必须培养出合格的店员。要知道，店员素质的高低也会影响销售额。

加盟商还要加强商品管理，避免出现库存过剩、卖场商品断销等情形。

为打造顾客口碑，加盟商必须要努力提高店铺运营QSC。同时本部也会对其进行专项指导。QSC指的是Quality（商品质量）、Service（服务）、Cleanliness（清洁）。QSC概念最早是由麦当劳提出的，是餐饮行业店铺管理最根本的根本。QSC管理方法也同样适用于零售业。无数实践证明，QSC做得出色的加盟店，都会获得顾客的高度评价，从而转化为高销售额。

除此之外，加盟商还要对售卖用具进行维修、保养、清洁，为销售过程扫清一切障碍。

加盟商需要做好上述各项业务，实现盈利。这也是加盟商应尽的责任。

以上就是便利店本部和加盟店各自的权责。这种本部和加盟店联手经营的模式,相较直营店的方式更加高效、合理。但前提是建立在加盟店对本部完全信任的基础上。如果两者之间互不信任,那么以特许经营模式结成的共同事业最终也无法形成高准入壁垒。

3. 现场力得以激活的组织形态

①直营连锁是本部直接管控的组织形态
②加盟连锁是本部和加盟店(客户)双向沟通的强链接组织形态
③加盟连锁是一种适应力、生命力极强的组织形态

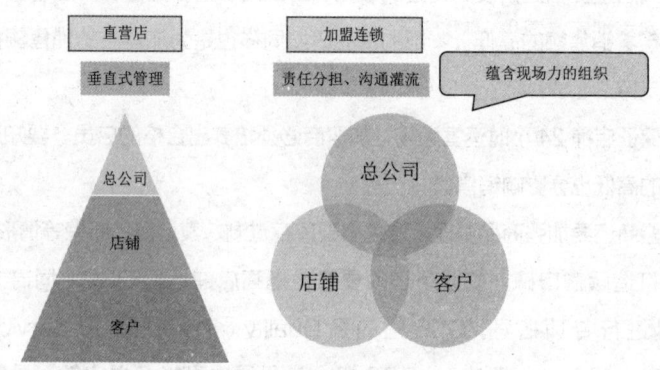

现场为得以激活的组织形态

无论哪一种事业,只要现场力(一线执行力)被激活,就会得到良性发展。如果现场力没有被激活,发展将陷入困境。

超市曾试图走直营连锁的道路。但是,直营连锁模式受制于总公司的管控,现场力得不到有效释放。对于零售业来说,至关重要的现场力因此大打折扣。大型综合超市后来江河日下的原因之一,就是总公司强大的管控力扼杀了现场力。具体来说,就是总公司无视当地顾客的实际需求,只是一味地将自认

第 2 章 便利店事业框架

为出色的商品摆上货架。而直营店铺无法对总公司提出反对意见,只能眼睁睁地看着民心一步步失去。自上而下强权而僵化的组织,是直营连锁模式的致命缺陷。

而加盟连锁模式则有效地规避了这一缺点。加盟连锁是本部和加盟商合作,二者各司其职、各尽其责、共同运营,形成加盟伙伴关系。双方通过平等双向的对话,可立即解决发展过程中遇到的各种难题。通过平等交流和沟通,加盟店可以迅速地将顾客的实际需求反馈到本部。本部在虚心接受加盟店的建议后,会及时做出运营战略上的调整或修改。加盟连锁是能充分发挥现场力的柔性组织。

上述重视顾客需求、激活现场力、适应力极强的柔性组织就是便利店组织。这种组织能够促进便利店与时俱进,是小店得以巨大发展的主要原因,也成为与直营店商业模式之间的高准入壁垒。同时也是区别于直营连锁模式的明显优势。

便利店的加盟连锁模式,是自上而下的强权组织到双向沟通的柔性组织的演变。这样的发展规律也完全符合钱德勒的"组织服从与战略"理论。

4. 特许经营权使用费的收取方式

①品牌出租方式:最普通的 FC 模式。收费极低,本部几乎不提供支持

②供应额抽成方式:从商品供应额中收取。本部关心的仅是供应额的高低

③毛利分配方式:便利店独有的商业模式。本部和加盟店携手创造高额利润的共同经营意识很强

便利店的企业战略

方式	品牌出租方式	供应额抽成方式	毛利分配方式
概要	出借商标、商品供给	出借商标、商品供给、若干经营指导	出借商标、商品供给、全部经营指导、会计业务代办
使用费	3万~5万日元/月	供应额3%左右	毛利的35%~50%
共同性	←──小		大──→

特许经营权使用费的收取方式

业界	品牌出租方式	供应额抽成方式	毛利分配方式
餐饮业	16社	47社	
销售业	4社	12社	1社
服务业	6社	6社	
便利店		3社	8社

不同业态的采用方式

特许经营这一概念,最早是由美国胜家缝纫机公司于1850年提出的。在此之后,可口可乐、福特汽车、壳牌石油等众生产商将其作为"选择性渠道"采纳。20世纪50年代,特许经营作为商业模式型连锁经营被麦当劳等快餐企业引入。此后,被广泛应用于餐饮业、零售业、服务业等诸多行业。

本部提供的商业模式内容差异很大。大致分为以下三大类:品牌出租方式、供应额抽成方式和毛利分配方式。如果不能把握销售额的具体数据,也更难把握毛利润的多少,这种情况下,仅收取固定金额的特许权使用费;餐饮业、实物销售企业的一般做法是:采用供应额抽成方式的占70%、固定额方式的占30%;服务业的毛利润额最难把控,采用固定额方式的占50%、采用供应额抽成方式的也为50%。

特许经营连锁的模式为:①本部的商标、品牌的使用权租借;②本部在经

第2章 便利店事业框架

营上的经验传授；③本部为加盟店维护和提升品牌形象提供指导和帮助。

品牌出租费用较低，在3万~5万日元之间。本部仅仅是将商标、品牌使用权租给对方使用。由于使用费较低，所以本部不会在指导、扶持方面有所帮助。特许经营权使用费的高低是本部指导和扶持力度的反映，所以并非越低越划算。

供应额抽成方式，是按照一定比例从商品供应额中抽取费用。餐饮业基本都采用这种方式。零售业中这种方式也很常见。大荣超市曾开展过加盟模式，采用供应额抽成方式收取特许权使用费。其子公司罗森在开始发展便利店事业时，也采用了这一方式，但以彻底失败而告终。失败的原因之一是特许经营权使用费过低，仅为6%，且加盟店货款账期是当月末结账次月付款的方式。大荣超市之所以成功，是因为加盟超市大都是销售额较高的大型地方超市，即便特许经营权使用费仅为6%，拿出一部分做本部的指导经费也是绰绰有余。而罗森的加盟店为小型便利店，且数量较多，本部的指导经费支出较大，很快便出现了赤字。此外，罗森在回收加盟店商品货款时遇到了不小的困难。在创业初期，罗森的加盟店有100家左右，但是，却有将近数十亿日元的应收货款迟迟不能到账，以致陷入经营危机，甚至拖累了总公司大荣超市，一时间不得不考虑从便利店市场上撤出。后来，大荣及时调整策略，改用毛利分配方式，并将商品供应货款的按月回款改为每日向银行户头汇款结算，才总算渡过了难关。

罗森晚于7-11一年创立，且因为上述的加盟策略失误又耽误了一年的时间，这一年几乎没开新店，这两年的时间差距，使罗森的店铺数量远远少于7-11。初创期的决策失误，迫使罗森为挽回时间损失强行追赶，而接二连三地犯错误，一直品尝着失利的苦果。

毛利分配方式是便利店企业的主流利润分配方式。除了初期的罗森以外，Poplar是唯一一家目前仍采用供给额抽成方式的上市便利店企业。

把控毛利并非易事。但是，便利店倡导的是本部与加盟店的共同事业理念，通过毛利分配方式结成利益共同体是最恰当不过的。而反观采取供给额抽成方式的企业，其精力完全放在如何提高供应额上，而忽视对于加盟店的指导和支持，未免显得有失偏颇。而毛利分配方式，让本部和加盟店不断为追求共同高额利润而不懈努力，这是一种双方得益、共同发展的方式。

各个行业的特许经营权使用费收取方式不尽相同。日本餐饮业和实物销售行业采用供给额抽成的企业占 70%、采用固定额收取的占 30%。服务业的销售额和毛利较难把控，采用供给额抽成与固定额收取的基本各占 50%。对便利店行业来说，70% 的企业采取毛利分配方式、剩余 30% 采取供给额抽成方式。

毛利分配方式较其他两种方式要复杂一些，在管理上要求更加严格。但是，只要克服了管理上的困难，就会迅速确立行业优势。

5. 不设门槛、广纳贤才

谁都可以加盟，不设门槛，广纳贤才，这是集结更多优秀加盟商的秘诀。有了愿意开新店并担当新店铺运营管理的加盟商，特许经营模式才能成立。

大型便利店企业每年要开设数百乃至上千家新店。也就是说，大型便利店企业每年大概要募集数百乃至几千名加盟商。便利店企业对加盟商不设门槛，之前没有零售业从业经验者也可以加盟。从广泛的群体中招募更多优秀人才才是更重要的。

总体来看，加盟商年龄大都是 30~55 岁，平均年龄为 51 岁，有着丰富的人生阅历和社会经验。从经历背景来看也是多种多样，有零售业工作经验的大概只占 16.4%，仅有 17.8% 的人有创业经历。最多的是完全不搭界的制造

第2章 便利店事业框架

业出身的人,大约占 28.4%。

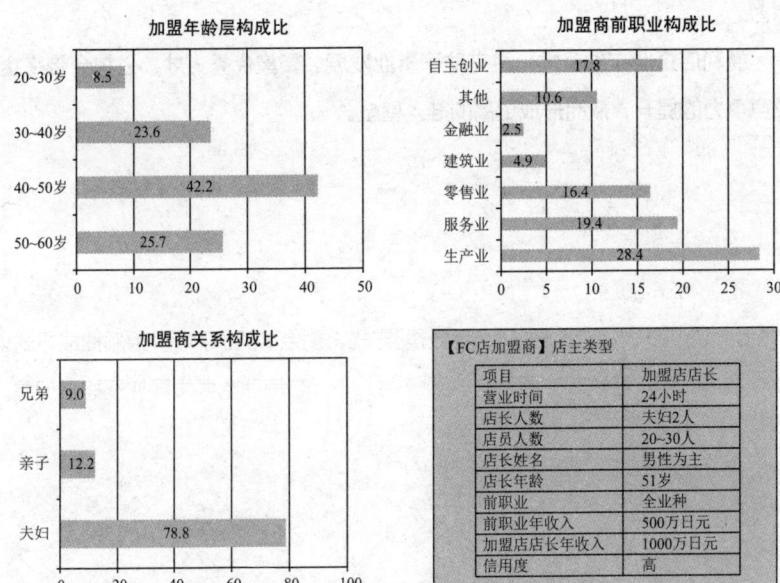

便利店是 24 小时运营的,因此,至少需要两名加盟主。大部分加盟店都是夫妻共同经营,轮流倒班。通常,丈夫负责营业,妻子负责人员管理等。两人共同经营,优势互补,才能够将加盟店发展得越来越红火。

但是,仅凭夫妻二人之力是完全不够的。通常情况下,一家加盟店每个时间段需要 2~5 名员工来工作。算下来,总共需要 20~30 名兼职员工。

为了管好这么多的员工,加盟商必须具备优秀的管理才能。因此,便利店在招募加盟商时,为了能招到更多具备管理才能的人,不要求行业经验。即便没有零售经验也无妨,本部备有全套的教育体系,能培养出优秀的商人。

另一个极具诱惑力的条件是加盟商的收入很高。许多人在成为加盟商之前,年薪仅仅 500 万日元。加盟之后,加盟商的年收入可以达到 900 万日元。

和打工时不一样,凭借自己的经营能力可以得到高额回报,无疑是最大的吸引力。

便利店企业广纳良才,将有助于事业发展。聚集优秀人才,必将会带来企业竞争力的提升,从而形成更高的准入壁垒。

第 2 章 便利店事业框架

/便利店的平台/

1. SCM（商流·物流·信息流）平台

①便利店配送中心是连接加盟店和供应商的平台，形成 SCM

②便利店配送中心通常为委托外包形式

③便利店配送中心从商物一体型的批发物流向商物分离型的 3PL（第三方物流）转换

④借助 JAN Code（日本通用商品编码）和 ITF Code 使物流"可视化"，将物流从"黑暗大陆带到了黄金大陆"

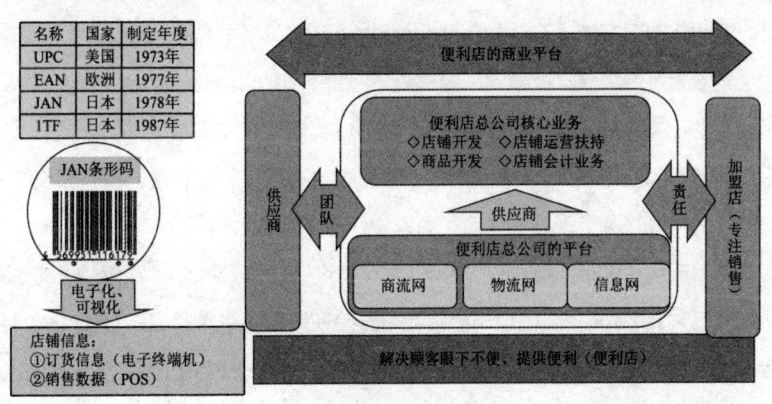

供应链管理平台

便利店本部在所销售的商品·服务、提供该商品·服务的供应商（生产商等）以及店铺之间搭建一个商流·物流·信息流平台。该平台的好坏直接关系

便利店的企业战略

到本部对加盟店扶持力度的大小。

通过该平台,门店的订货信息会直接发送到生产商、批发商以及配送中心。生产商在接到订单后,会按照订单要求生产商品,并将商品送到配送中心。批发商对配送中心的商品进行在库管理。配送中心负责将货品出库并发往各个门店。店铺在收货、检品后,整个订货流程就结束了,生产商和批发商之间、批发商和门店之间就产生了债权债务关系。如此一来,门店、本部、生产商、批发商、配送中心之间就形成了 SCM 供应链管理关系,这就是便利店的平台体系。

配送中心作为便利店搭建的平台,并非由便利店本部直接运营,而是依照本部的企划要求外包给 3PL（Third Party Logistics）[①] 公司管理。

加盟店的销售信息会及时反馈到便利店本部、生产商、批发商,作为销售规划数据运用到实际之中,有效解决顾客的不满,提高服务质量。在开发商品时,便利店本部、生产商、批发商并不是单打独斗,而是通过团队合作共同开发,即团队销售规划（Team merchandising）。

美国著名的经营学家彼得·德鲁克（Peter Ferdinand Drucker）在 1962 年发表的论文中称:"物流是未来的发展领域,但现在是黑暗大陆"。半个世纪后,随着 IT 的发展进步,物流改善被称为企业继进货条件改善、销售额改善后的第三大利润来源。现在的物流,可以称作是"黄金大陆"。

将物流从"黑暗引向光明"的是 IT 技术带来的"可视化",贡献最大的是商品条形码。1973 年,美国超市协会最早开始使用商品条形码 UPC（Universal Product Code）。由于美国各州的消费税不同,人们开始使用商品条形码,目的是为了简化销售额与消费税的管理工作。1977 年,欧洲的超市开始使用商

---

① 3PL(third-part logistics)是第三方物流即合同物流的意思,是指在物流渠道中由中间商提供的服务。服务包含中间商以合同的形式在一定期限内,提供企业所需的全部或部分物流服务。

第2章 便利店事业框架

编码 EAN（European Article Number）。

1978年，日本通商产业部制定了日本商品条形码 JAN（Japanese Article Number），但是好长一段时间没有普及下去。1982年，7-11收款机引入 POS 系统（Point of Sales），一下子推动了 JAN 的普及。POS 系统的使用，使便利店的收银业务得到简化。然而不止于此，7-11是世界第一家利用 POS 系统对商品销售情况进行分析的企业。其用于销售规划数据的研究，为此后的商品开发和销售做出了不可估量的贡献。

日本的商品条形码是13位制。头两位是45或49，代表日本。美国商品条码的头两位是10、11、12或13，中国是69。后7位是生产商编码，其次3位是商品名编码，最后1位是校验码（CD）。各国商品编码具有兼容性。

1987年，日本制定了14位数的物流编码 ITF（Interleaved Two of Five）[①]，也叫交叉二五码。有了这个，不用开箱也能清楚地了解里面货物的商品信息，为物流效率化做出了巨大贡献。ITF 与欧洲物流编码 EAN-DUN 和美国物流编码 UCC-SCS 具有兼容性。

JAN 商品条形码和外包装上的 ITF 物流编码的出现，使得物流"可视化"，向更合理、更高效的方向快速发展。

在便利店企业创业初期，商流·物流·信息流平台的搭建离不开各自母公司的鼎力相助。便利店不像风投企业那样可以赤手空拳打天下，而是必须具备牢固的根基和资源。便利店的平台系统，就是绝对的准入壁垒。

---

① ITF 条码是有别于 EAN、UPC 条码的另一种形式的条码。在商品运输包装上使用的主要是14位数字字符代表组成的 ITF-14 条码。ITF 条码是一种连续性、定长、具有自校验功能，并且条、空都表示信息的双向条码。ITF-14 条码的条码字符集、条码字符的组成与交叉二五码相同。它由矩形保护框、左侧空白区、条码字符、右侧空白区组成。

2. 模仿便利店商业模式的爱速客乐

①排在日本文具厂商第三名的普乐士（Plus）文具最初通过强化营销活动开始的商业模式

②文具店专心营业、物流交给爱速客乐负责

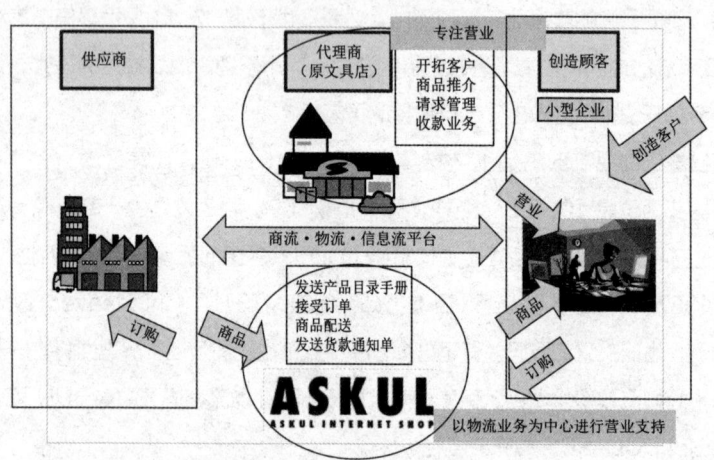

文具企业普乐士就是模仿了便利店平台模式发展起来的。最早，普乐士在文具界只能算是中等规模的企业，且长期以来一直受到行业老大国誉的打压，流失了许多大订单。而在当时，小企业的订单数量少、次数少，不值得投入经费去做，大型文具厂商往往不屑一顾。最后，普乐士将目光锁定在中小企业身上。如果能够找到一种不需要投入大量经费就能形成完整生产销售链的方法，并且为小企业节省上街购买文具的时间成本，那么中小企业的市场对于普乐士来说，将是一片广阔的蓝海。

普乐士首先想到的是便利店的平台模式。普乐士在生产商与小企业之间搭建平台，让原来的文具店客户成为代理商，专心负责营业活动。所谓的营业活动，指的是小企业客户市场开拓，拿着商品目录去这些小企业做商品推介。接

第2章 便利店事业框架

到订单后，对订单进行跟进管理、催收货款等。普乐士搭建的平台同时能够为代理商提供支持和帮助，其具体业务是：将货品样本送达客户、接收订货、商品配送、请款书送达等服务。如此一来，代理商负责营业活动，普乐士负责物流、收发货业务。这样的分工形式，与便利店本部负责物流、会计业务，加盟店负责售卖业务有着异曲同工之妙。

普乐士的商业模式走上正轨后，将平台业务独立出来，成立了爱速客乐公司。爱速客乐（ASKUL）取自日语"アスクル（明天到达）"的谐音。即使再小的订单，通过爱速客乐平台今日订货，也会于明天一早送到客户手中。爱速客乐平台可以说是便利店平台的翻版。

最初，爱速客乐通过电话、传真等方式接受订单。后来，随着网络的普及，爱速客乐开始接受网络订单，大大减少了人工成本，提升了效率。

这是一个便利店平台模式跨行业运用的成功案例，是对其功效性和实用性的最好说明。

3. 3PL 概念图

第三方物流企业，把从厂家运货、配送中心的保管和流通加工、配送至店铺的业务全套外包下来，被称作 3PL，即第三方物流。日本国土交通部发布的 3PL 概念图中，详细说明了 3PL 的定义：3PL 是第三方物流，即合同物流的意思。其业务内容包括从厂家运货、在配送中心保管和流通加工、运送至店铺等全流程的外包服务。

同时，3PL 物流公司还为生产商、批发商、配送中心、零售商店提供高效的物流战略和物流系统提案。该提案贯穿于从厂家运货、在配送中心保管和流

便利店的企业战略

通加工、运送至店铺整个过程。因此，3PL 物流公司需要连接生产商、批发商、配送中心、零售商店的信息系统的支持。有了物流业务外包服务，生产商将会专注于生产制造，零售商店将会专注于销售。

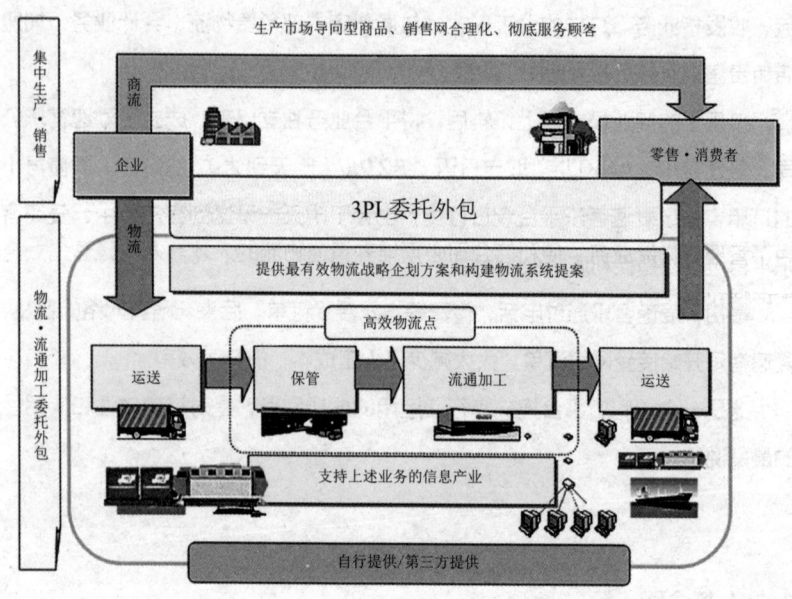

3PL 概念图

据日本国土交通部资料制作

配送中心作为便利店的平台，在便利店"自己不运营"的经营战略下被外包出去。而负责对配送中心进行运营的，是第三方物流公司，即 3PL。由物流公司来对供应链结构进行架构、管理，可以充分发挥第三方的优势和作用，比公司自身亲自架构、管理的效果要好得多。

虽然我们在前面说过，便利店企业要轻资产经营，要专注于主业。但是，物流战略是企业战略的强大后盾，一旦失去，后果不堪设想。所以，企业的物流业务也不能够完全交给第三方物流公司来做，可以通过 IT 技术来实现物流的

第 2 章 便利店事业框架

可视化,从而对本公司物流进行管理,这点至关重要。并且,物流业务也是企业核心能力之一。第三方物流公司的介入,势必会造成企业对于自身物流能力的松懈甚至放弃,这一点是需要警惕的。因此,企业要做到:第一,把本公司的物流业务流程明确化,不可使之成为"黑匣子"。第二,通过 IT 技术使物流可视化,做到用数据管理出入库业务、保管业务、配送业务,这样才能持续改善物流体系。第三,通过 KPI 设计适当标准,以此为目标来削减成本。第四,物流信息系统必须由本公司开发,不能借用第三方物流公司的系统。否则,对便利店企业来说,如果哪天换了第三方物流公司,想更换系统就没那么容易了。为了管理好物流业务,便利店公司必须培养精通物流的人才。人才储备是上述事项顺利实施的前提和保障。

4. 3PL 事业的成长

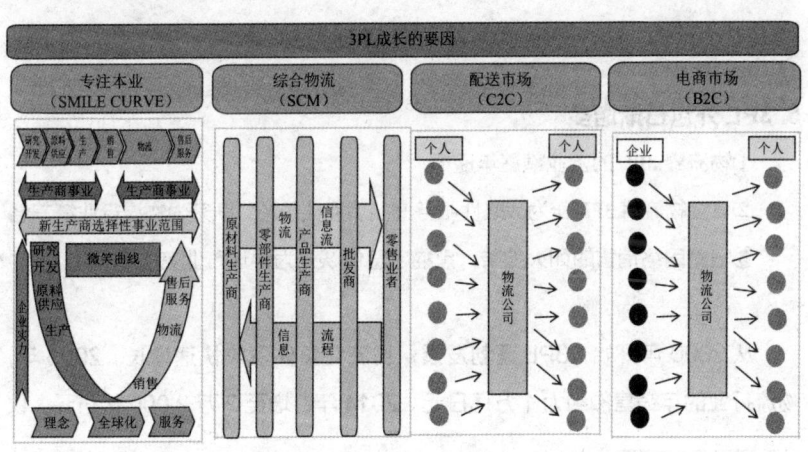

第三方物流公司的成长

自 1960 年开始，日本大型公司纷纷在企业内部设立物流部，这是日本物流改革的开端。本公司物流叫作 1PL（first-party logistics），与本公司有往来交易，例如批发商负责物流业务，叫作 2PL（second-party logistics）。既不是公司自设物流部，也不是有往来交易的公司负责物流，而是交由第三方物流公司来做，叫作 3PL（third-party logistics）。2000 年之后，3PL 大为盛行。其发展背景为：

一、物流公司实力增强，改善提案的能力及水平明显提高。从价值链的角度来看：总部专注核心、物流业务外包给第三方公司，这样的企业明显增多。

二、物流业务并非在自己公司完成，而是有必要与其他公司建立关联，构筑 SCM。

三、C2C[①] 的发展，让快递行业迅速抬头。电商将商品配送交由快递公司负责，由他们送到消费者手中，这样的组合给 3PL 带来了 B2C 市场的快速发展。

5. 3PL 外包日渐增多

①物流界 3PL 的营业额逐年递增
②日立物流将 3PL 作为战略性服务产品后迎头赶超，跃升为物流行业第三名
③随着网络销售的如火如荼，黑猫宅急便跃升为快递行业第二名

从 2000 年开始，3PL 蓬勃发展，物流业整体营收快速增长。2005 年，物流行业的年销售额约为 1 万亿日元。2014 年，增至 2 万 2,000 亿日元。仅

---

① B2C、C2C 是电子商务的主要模式。其中，B2C 主要指企业和消费者之间的电子商务交易，如当当网和卓越网；C2C 主要指个人与个人之间的电子商务交易，如淘宝网。

第2章 便利店事业框架

仅10年的时间,年销售额便翻了一番。

日立物流是从电机生产商日立公司独立出来的物流公司。虽然日立物流成立的时间不算早,但是因为采取了3PL发展策略,很快成长为物流行业第三名。

在此之前,物流公司的主要对象是B2B大型企业。1976年,黑猫宅急便成立,以开拓零散消费者的快递配送市场为主。黑猫宅急便最早定位于C2C个人消费者市场,几乎没有竞争对手,很快发展壮大。

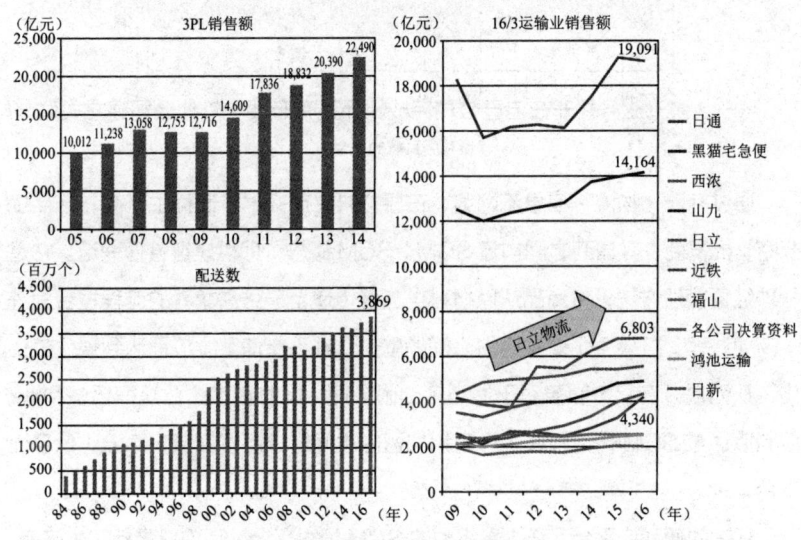

第三方物流公司外包业务增多

据2016年日本各企业决算资料制作

随着网络销售如火如荼的发展,C2C快递业务逐渐将触手伸向了B2C领域,快递数量激增。到2016年,整年快递件数达到了惊人的39亿件。业务量的激增导致快递员严重不足,影响了配送。于是,黑猫宅急便运输公司大幅提高了网络销售行业的快递费用。之后,其他快递公司也纷纷效仿。

6. 3PL 企业外包的 SCM

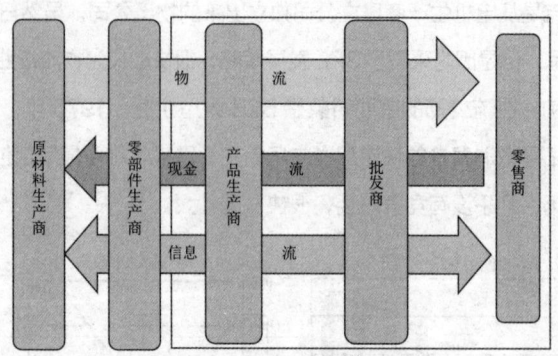

便利店目前的平台

通过商流·物流·信息流网络，在原材料生产商、零部件生产商、产品生产商、批发商、零售商之间构建 SCM。SCM 概念，即供应链管理理论。它是一种经营管理方法，将商品从原材料供应者传递至最终需求者的流程捏合为统一商业过程，打破了企业和组织之间的壁垒，并不断使整个流程达到整体最优化，从而提升产品·服务对于消费者的附加值，同时也使企业获取更多利润。便利店通过 SCM 理论，在生产商和加盟店之间搭建起了商流·物流·信息流平台。

现在的便利店平台，还不是完整的 SCM 模式平台。目前只囊括了生产商、批发商、配送中心、便利店，未来应该还会把原材料生产商纳入进来。

负责 SCM 的是 3PL 物流公司。要知道，在企业内部搞 SCM 是不容易的。所谓术业有专攻，3PL 物流公司无疑是负责 SCM 的最佳选择。

第 2 章 便利店事业框架

/便利店网络系统的构建/

1. 为商流和物流提供支持的信息系统

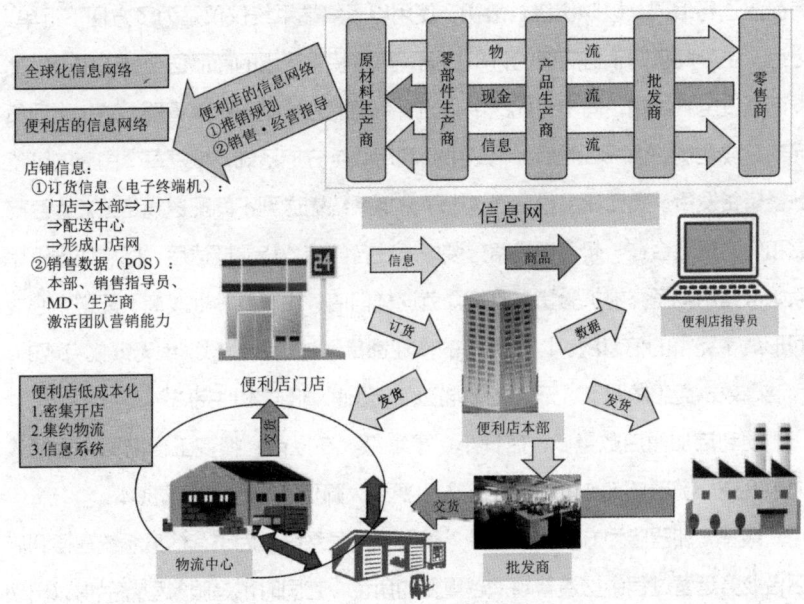

便利店由高成本向低成本过渡应具备以下 3 个条件。

一、采用集中开店战略。

二、便利店由于卖场规模小，所以需要具备多频次、小批量等特点的物流系统支撑。而这种物流模式往往成本很高。要使其成本降低，必须集约化配送。

便利店的企业战略

在创业期,因为便利店按商品类别从母公司各个不同的批发商那里进货,高峰时一天有 70 家批发商分别送来不同的货物。这种模式叫作商品类别性批发商集约化。当前的模式是打破商品分类,采取温度带物流运送方式,将物流次数减至每天常温配送 1 次、冷冻配送 1 次、冷藏配送 3 次,全天一共 5 次。

三、运用信息系统降低成本。

1978 年,7-11 开始用电脑终端系统收发订单。门店通过电子订货终端系统将订单发送到本部的母机,然后再由本部发送给供应方。这个系统必须要求对所有商品进行编码,以防出错。最初,使用电子终端系统仅仅是为了方便下订单。之后,生产商掌握了各店铺的订单数据,直接将生产出的商品送至配送中心。批发商通过电脑终端,同步对配送中心的所有商品进行统一在库管理,防止出现货品不足或过剩的情况。然后,配送中心利用数字分拣系统,根据每个门店的订货数量备货发货。转口货品也是通过电子分拣系统输送到不同配送线路上。库存商品和转口商品合在一起,按线路分装好发往各门店。货品抵达后,门店依据订单原始数据用电子终端机验货、收货。就这样门店、生产商、批发商、配送中心之间形成了完整的信息网。以上所有的作业都是通过这套信息系统无纸化完成的,简洁高效,真正做到了"无论谁都能正确、迅速、低成本地完成"。

便利店加盟店数量多、店铺小、事项杂,在以前,很多工作需要大量的人力来完成。随着店铺作业信息化,人工费大大降低,节约了运营成本。

最早,加盟店为方便提交订单,引入了信息系统。后来,信息系统在便利店后台业务运营过程中扮演着越来越重要的角色,它同时也是服务型商品得以出现的关键因素。如果没有信息系统,售票、ATM、代收水电燃气费、政府事务在线办理等服务型商品也就不会出现了。中坚企业的信息系统与大型便利店企业的信息系统相差太多,无法带来更好、更方便的服务性商品,从而进一步导致其在竞争过程中逐渐失势,销售额降低。由此可见,信息系统是巨大的准入壁垒。

第2章 便利店事业框架

2. 线上服务平台

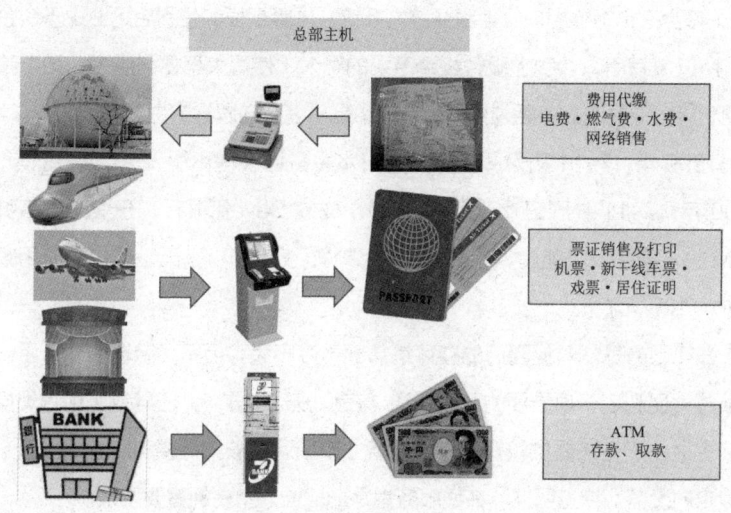

线上服务平台

在早期，便利店的服务型商品基本以打印、复印等线下服务为主。后来，随着目前这套信息系统的导入，便利店的服务性商品扩展至网络在线服务。便利店最主要的在线服务之一是公共费用（电费、水费、燃气费）代收和邮购、网购的代收费。由于银行距离远、窗口数量少，给前去银行办理业务的人带来了诸多不便。为了解决顾客眼下的不便，便利店开始了代缴费服务。代缴费用总额甚至超过了便利店年销售额。2016年，7-11的年销售额是4万5,000亿日元。而代缴费用总额达到了惊人的4万6,000亿日元，相当于普通银行一年的交易额。庞大的交易数字，恰恰体现了消费者对便利店线上服务的认可。

便利店多功能终端机的出现，使得消费者可以到离家最近的便利店购买新干线车票、机票、戏票等这样对号入座的票以及网络购物。罗森意识到单凭线下销售无法实现对7-11的赶超，于是在1997年首次推出了罗森线上多功能服务终端，利用网络商品销售和在线服务商品销售向 7-11 发起冲击。不久，7-11 和全家也相继引入线上服务终端系统。中等规模的便利店企业由于资金受限，所以没有引入。线上服务终端系统的导入，使得大型便利店企业和中等规模便利店企业之间的差距越拉越大，这也是后者走向凋零的主要原因之一。

1999 年，7-11 和伊藤洋华堂向日本金融协会提出引入 ATM 机的申请。2000 年，7-11 拿到日本银行的许可，成立 Seven 银行，于 2001 年引入 ATM 机。最初，店铺内 ATM 机的使用频次约为 50 人/天。现在，使用频次超过了 100 人/天。

在线服务虽然对便利店的整体销售额贡献不大，但是，激增的服务手续费渐渐成为便利店一项重要的利润来源。在线服务的导入，还导致了中等规模便利店企业由于无法提供较好的在线服务，市场逐渐被大型便利店企业蚕食，一步步走向没落。综上所述，在线服务也是形成准入壁垒的重要因素。

3. 网络化信息化 IT 店铺的开发

便利店同时也是信息产业。便利店不仅通过信息系统达成网络化，店铺本身也是利用信息系统的 IT 店铺。

1978 年，7-11 开始使用电子订货终端机订货。全部商品都打上了专属的商品条形码，成为追溯的依据。电子订货终端机的应用和商品条形码的出现，不仅使便利店的订货业务大大简化，同时在便利店总公司和生产商、批发商、配送中心之间搭建了完整的信息化网络平台，从而让各方业务都得到了简化。

1983 年，7-11 引入了 POS 系统，将商品单价认证方式由原来的手动键入简化为电脑扫描。欧美国家的大多数零售企业导入了 POS 系统后只用在了

第2章 便利店事业框架

收银环节,而 7-11 首次将 POS 系统获取的销售信息及时用于销售规划,为商品开发、货品选配、货架陈列等业务的升级做出了巨大贡献。

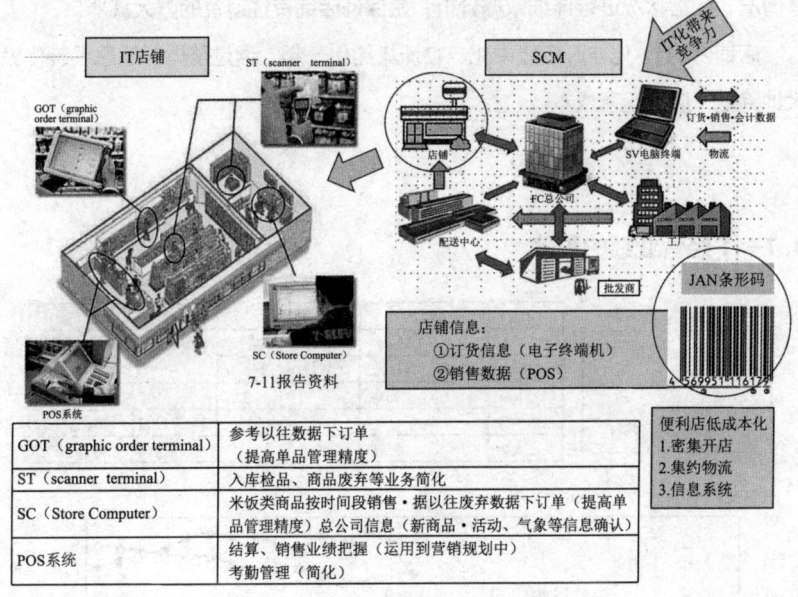

网络信息化 IT 店铺的开发

以前,订购商品到货后,都是用纸质的交货清单来核对验货,之后改为电子扫描收验货系统。电子扫描收验货系统会一一比对订单信息进行信息化收验货,准确且快速,大大提高了收货效率。并且,通过电子扫描收验货系统的信息化数据,在便利店与供应商之间实时地形成有效的债权债务关系,便利店的会计业务也更加高效化。

便利店 Store Computer(SC)系统会汇集、分析便当及饭团的销售、断货、废弃数据,从而使以后的订单更加合理化。SC 系统是整个便利店所有电子化仪器的控制中心,它可以监控其他各电子仪器是否正常运转,并加以调控。

便利店的企业战略

SC 系统将便利店员工的考勤管理由原来的手工考勤改为电子化考勤，并且 SC 系统与员工的银行账户联动，使薪资转账也变得更加简单。SC 系统还能对销售情况、经营状况进行详细数据分析，是保证店铺良性运营的强大武器。

店铺内的 IT 化与开店集中化、物流集约化一起，通过整体的信息系统化极大地降低了店铺运营成本。

4. 7-11 经营业绩的改善

【40年经营业绩的改善】	项目	1977/2	2017/2	改善业绩	改善额
便利店低成本化 1.密集开店 2.集约物流 3.信息系统	店铺数	199家	19,422家		
	销售额	17,400百万日元	4,515,605百万日元		
	毛利率	23%	32%	9%	4,064亿日元
	日销售额	380千日元	657千日元	277千日元	19,636亿日元
	在库天数	25日	11日	14日	1,177亿日元

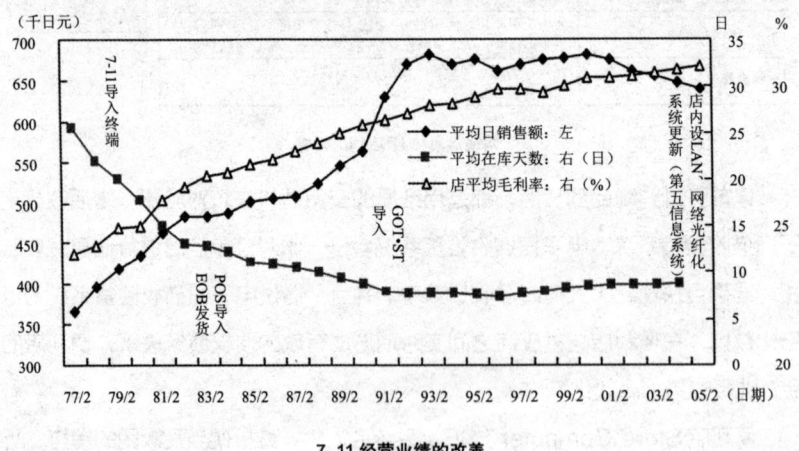

7-11 经营业绩的改善

据 7&i 官方资料制作

对比 7-11 在 1977 年刚刚创立时的经营业绩和 2017 年的经营业绩，不

第 2 章 便利店事业框架

难看出，其发展成果是巨大的。其便利店的各结构功能互相促进，使得营业成果大为改观。

从数量上来看，7-11 的店铺总数由最初的 199 家店铺发展到 19,422 家店铺，增长了将近 100 倍。销售额从 174 亿日元增长到 4 万 5,000 多亿日元，增长了 260 倍。

从经营效率来看，毛利率从原来的 23% 提高至 32%，增长了近 4 成。日销售额从原来的 38 万日元涨至 65 万 7,000 日元，增长了近 7 成。商品库存天数从原来的 25 天减为 11 天，减少了 56%。

如此巨大的成就，并非一朝一夕取得的。"罗马不是一天建成的""千里之行，始于足下"。这是 7-11 自创立开始，历经 40 年，一步一个脚印走出来的康庄大道。可以说，7-11 是引领便利店行业走上产业化道路的领跑者。

第 3 章　便利店的业态（事业领域）

/ 其他业态的事业领域 /

/ 便利店的事业领域 /

/ 便利店卖什么商品 /

/ 便利店把商品卖给谁 /

/ 便利店怎样卖商品 /

第 3 章 便利店的业态（事业领域）

/ 其他业态的事业领域 /

1. 零售业态的定位

①实体店销售的成功业态　因满足顾客的特定需求而得到顾客支持的业态

②无店铺销售的成功业态　运用 IT 技术，满足了顾客商品种类的多样化、检索、物流等方面的需求而得到顾客支持的业态

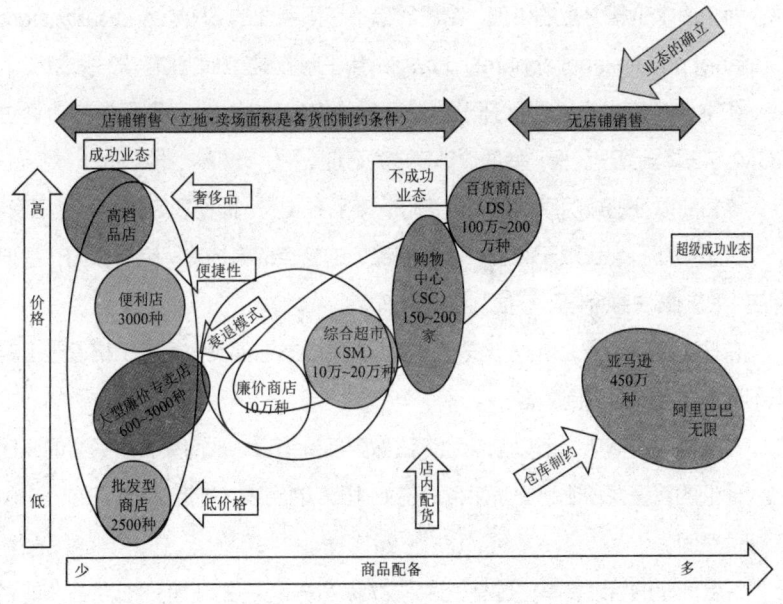

零售业态的定位

上图为零售业各业态示意图，纵轴是价格、横轴是品类数量。在日本经济

便利店的企业战略

高度增长期，大量生产、大量销售、大量消费时代，价格更低、卖场更大、货品种类更多的店铺才是具备竞争力的业态。

后来，由物质不足的卖方市场变为物质溢出的买方市场后，刻板、无变化的超市开始走向凋零，而具备业态特色的专卖店开始迅速发展。

现在，实体店销售的成功业态并不是备货种类多、价格便宜的业态，而是能把事业领域锁定在顾客需求、顾客期待的业态。

高级品牌店铺的商品因具备无可挑剔的品质和设计而获得顾客的青睐。

而与高级品牌店铺对决的大型廉价专卖店，正如NITORI家居在宣传口号"价格之上"所说的那样，并非"便宜没好货"，以主打"物超所值"而获得了成功。为了追求价格之上的价值，家居界借鉴了服装业的SPA（speciality store retailer of private label apparel）方法，采用了制造零售业的业态，一举成功。

在平价商店由于经费上升无法保证低价格销售时，批发型平价商店通过SCM方法降低管理经费，使廉价销售成为可能。

零售业以往的成功原则是"价格低、商品齐全"。而便利店恰恰与之相反，以"价格不便宜、仅限于某些种类的商品"的特点取得成功。究其原因，是便利店"即刻解决顾客眼下不便"业态的确立。

有些实体店销售之所以不景气，是因为其业态在品类数量和价格设定上定位不清晰，无法吸引到顾客。

过去的平价商店之所以渐渐地无法做到低价销售，从而失去了顾客的原因是，他们的管理费占比超出了平价零售业15%的底线，接近20%左右，丧失了降价空间。

综合商超的管理费率也过高，达到27%左右，失去了以前"低价王"的名号。综合商超因货品种类多，所以主打一站式购齐的便捷性。但是，却因商品缺乏吸引力，就算品类再多，也难改在顾客心目中"什么都有、什么都不想买"

第3章 便利店的业态（事业领域）

的印象，逐渐被消费者抛弃。

百货商店的商品价格较高，但是商品价值却与高价不相匹配，所以导致其销售额低迷。尤其是作为主力的服装的家庭消费支出骤降以及不敌服装制造零售商（SPA）的商品策划力，最终走向了没落。

无论哪一种业态，它们之前的事业领域变得陈腐后，必然一步步走向凋零。

无实体店销售的电商确立了"无论谁、无论何处、无论何时、无论什么、廉价销售"的事业领域后，收获了成功。无店铺网络销售利用IT技术，打破了店铺销售中存在的顾客来店制约、营业时间制约、交易商品制约等种种束缚，确保低价销售，获得了成功。

以上就是目前日本各零售业态的定位。

2. 大荣事业领域的变迁

①创业期：作为特价商店，提供便宜商品（管理费率15%以下）

②成长期：提供方便的一站式购物服务（管理费率上升）

③衰退期：回归廉价超市失败（与美国相比，低收入阶层较少）

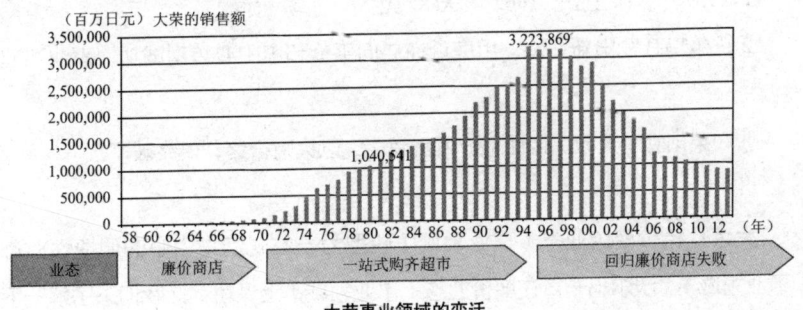

大荣事业领域的变迁

根据大荣公司决算资料制作

让我们来看一下与便利店不同的、大荣超市事业领域的变迁。大荣超市1957年初创立，这正是日本经济高速成长期的初始阶段，赶上了大量生产、大量销售、大量消费的时代浪潮。初创期，大荣确立了廉价超市业态，由于当时商品匮乏，从而获得了顾客的支持。后来，随着经营费用支出的逐渐提高，大荣超市的武器——低价，已不再具有优势。于是，大荣一改初创期廉价超市的业态，变为卖场更大、商品种类更多、"什么都有"、主打"一站式购物服务"的便捷性业态。此后，在大型商超业态的延长线上，为追求更多商品配备，大荣开发了吸引一家家专卖店入驻的大型购物中心，稳固一站式购齐的便捷性。

但是，大荣的主业——超市的管理费率不断上升，超过了25%，陷入经营不善。于是，大荣决定回归"祖业"廉价超市，创立了综合性平价百货商店，但未能成功。此后，大荣寻求多元化发展，企图向休闲娱乐产业和酒店产业等生活服务行业转型。但是，由于大荣一味追求多元化发展，导致前期投资过大，在日本经济泡沫破裂的同时，大荣也宣告破产。

3. 大荣和沃尔玛在新业态开发上的成败

① 1957年大荣创立。1962年沃尔玛创立

② 沃尔玛开发出新业态，由廉价商店向平价超市中心转型成功，事业飞速发展

③ 大荣创立了大型综合性平价百货商店，以失败告终，最终破产

大荣从特价商店业态（事业领域）转型为一站式购物中心的便捷性业态（事业领域）。沃尔玛一直在廉价业态（事业领域）上深耕。让我们来了解一下大荣和沃尔玛的事业领域。

第3章 便利店的业态（事业领域）

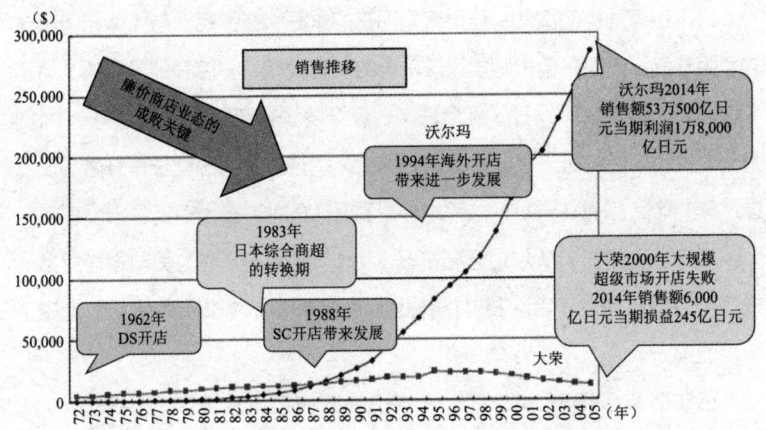

大荣和沃尔玛在新业态开发上的成败

1957年，大荣最初作为药妆店创立。应顾客"除了药妆之外，还想买食品、百货、服装等商品"的需求，大荣创立了独有的、商品内容涵盖衣食住各方面的综合超市业态。

1945年，沃尔玛创始人山姆·沃尔顿告别上班族的队伍，下海开了一家杂货店。坚信将来是特价商店时代的山姆·沃尔顿，于大荣创立5年后的1962年，在美国南部的阿肯色州开了一家非食品特价超市，名叫沃尔玛。为避免与当时已是美国廉价超市巨头的K Mart正面交锋，沃尔玛决定采取弱者战略，有意避开K Mart占领的都市近郊市场，将店铺开在了乡镇。采取弱者战略、委身于乡下，并不单单是为了避免与K Mart的竞争。在乡镇开店的好处是，由于大型廉价超市未涉足乡镇市场，所以沃尔玛几乎没有竞争对手，不需要打价格战就可以确保利润。在乡镇开店的另一个好处是，迄今为止没有超市渗入乡镇市场，沃尔玛可以完全将市场牢牢掌握在自己手中，确保销售额。通过弱者战略，沃尔玛作为廉价超市的后来者居上，稳固了行业地位。

便利店的企业战略

日本也有同样的案例。佳世客（现在的永旺）在最初，与大荣和伊藤洋华堂的差距甚远。于是，佳世客学习沃尔玛的弱者战略，将店开到了乡镇。为了占领乡镇市场，佳世客不仅开了综合超市，还开发了有专卖店进驻的购物中心业态。有一个笑话，说的是一直坚持乡镇开店战略的佳世客冈田社长在开店会议上曾说过这样一句话："开店选址的条件之一是看开店的地方有没有狐狸出没！"

通过弱者战略，沃尔玛赶超了 K Mart，最终不光成为美国零售业第一，更成了全世界零售业王者。日本的佳世客（现永旺）在收购大荣后，也成了日本零售业第一。

话说回来，1988 年之前，沃尔玛的销售额不及大荣。1988 年，沃尔玛从原来的非食品特价超市成功转型，开发了囊括食品在内的新型平价超市中心的新业态（事业领域）。因周转率不同，食品被公认为管理难度很大。新业态的成功带来了销售额的飞跃式增长，使沃尔玛超过了美国大型综合商超业态（GMS:General merchandise store）的翘楚 Sears 百货，登上第一名的宝座。此后，沃尔玛将触手伸向海外，并发展成为世界最大的零售企业。正是因为沃尔玛从最初的非食品廉价商店，转型为包括衣食住各方面商品在内的便捷一站式购齐平价购物中心新业态后，得到顾客一边倒的支持所带来的结果。这是新业态（事业领域）开发给企业带来发展良机的正面事例。

大荣后来想要回归初创期的廉价商店业态，并在 1989 年开了 Hypermarket（综合性平价百货商店）。当时在美国，低收入者较多。而在日本，由于经济飞速发展，在倡导"一亿总中流"[①]的国策下，低收入者越来越少，中产阶级渐多，

---

① 一亿总中流：或称一亿总中产，是20世纪60年代在日本出现的一种国民意识，在70和80年代尤为凸显。在终身雇佣制度下，日本九成左右的国民大都自认为是中产阶级。1991年，日本泡沫经济崩溃后，有人认为"一亿总中流"也随之崩溃。但根据日本政府《国民生活民意调查》中"生活程度"项目显示，只有一成以下的国民自认属于下层阶级。这说明，"一亿总中流"的概念并未消失。

第 3 章 便利店的业态（事业领域）

所以特价商店模式并没有取得成功。廉价业态的前提条件是"价格与品质此消彼长"的权衡原理，价格低的商品，必然会在一定程度上牺牲质量和服务。因为日本的中产阶级较多，所以廉价超市难以被日本主流社会所接受。大荣的新业态（事业领域）Hypermarket 最终失败，成为大荣后来破产的原因之一。

开发出新的廉价业态（事业领域）的沃尔玛不但赶超了大荣，更成为世界零售企业第一。而因新业态（事业领域）失败的大荣，在不久日本经济泡沫破裂之后，宣告破产。沃尔玛和大荣，一个走向了光明，一个步入了黑暗。

4. 廉价业态的成败在于薪金的差别

①日美平均工资的变化

②美国在 20 世纪 70 年代前半期，平均工资达到最高值。到 1995 年，平均工资大约下降了 20%，廉价商店兴旺

③日本的平均工资从 20 世纪 70 年代到 1998 年的最高值，增长了将近 70%，便利店、专卖店兴旺

在美国大获成功的廉价业态，为何在日本一败涂地？20 世纪 60 年代的前半段，是美国经济的黄金时代。后来，美国发动越南战争，经济疲软，美元不再坚挺。1972 年，美国政府发布声明，称美元不再可以直接兑换黄金。宣布该声明的美国总统是尼克松，后人将之称为"尼克松冲击"。后来，西方阵营势力默许美元贬值，并在西方各国的协助下采取美元贬值政策。但是美国经济不但没有恢复，反而开始走下坡路，美国劳动者的工资也越来越低。从 1970 年至 1995 年，美国人均工资大概下降了 20%。美国的低收入人群原本大多是黑人和中南美洲的移民，但美国经济的恶化，使白人中产阶级的生活水平也大幅

便利店的企业战略

下降。在这样的经济背景下,美国廉价业态得以蓬勃发展。沃尔玛超市是受惠最大的零售企业。而以中产阶级为主要顾客的大型综合商超(GMS)Sears 则在经济不景气中遭遇重创。1990 年,廉价业态的沃尔玛成功挤掉了 Sears 登上全美销售额第一的宝座。

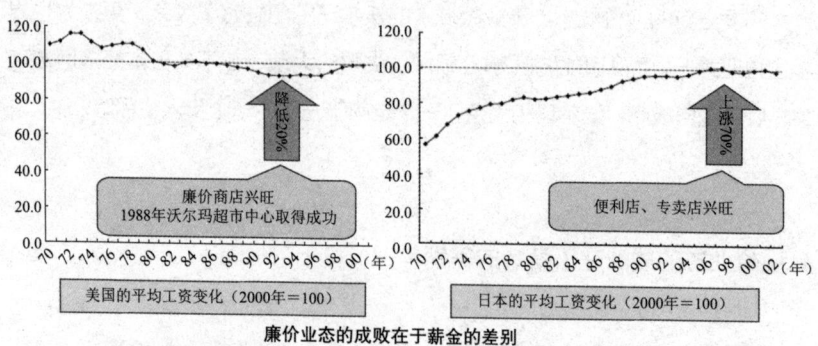

廉价业态的成败在于薪金的差别

据 US·Bureau of Statisics、日本厚生劳动省资料制作

日本在 1973 年第四次中东战争引起的石油危机之前,经济增速为每年 8%~10%。石油危机之后,日本经济由原来的依靠石油为主向节能经济转型,虽然经济不再高速增长,但经济增长率仍保持在 4% 左右。

其结果就是,日本劳动者的工资从 1970 年到 1998 年暴涨将近 70%。劳动者的工资提高,使得大量生产、大量销售、大量消费的卖方市场型超市无法满足顾客多样性需求,经营状况江河日下。顾客多样化需求使卖方市场变为买方市场,专卖店应运而生,同时也确立了便利店"解决个人消费者眼下不便"的商业模式。

国民整体生活水平提高后,以"牺牲品质、换取价格"为前提的廉价业态越来越不被消费者所接受。大荣因当前业态发展不好、回归廉价商店业态失败,成为其最终破产的原因之一。2000 年,7-11 将大荣从零售业销售额第一名的宝座上拉下马来。

第3章 便利店的业态（事业领域）

5. 沃尔玛在新事业领域的开发能力

①沃尔玛在初创期开设的非食品廉价商店业态的数量，在1997年达到最高点，为1960家店铺。到2015年，店铺数减少至442家

② 1988年开设了第一家商品内容涵盖衣食住各方面的沃尔玛平价超市中心。2015年增至3465家

③ 1991年，沃尔玛在墨西哥首开分店，这是沃尔玛迈向海外市场的第一步。2015年，海外门店数增至6299家

④沃尔玛电商发展较晚，造成销售额长期滞缓不前。目前，沃尔玛将全部精力集中于电商领域

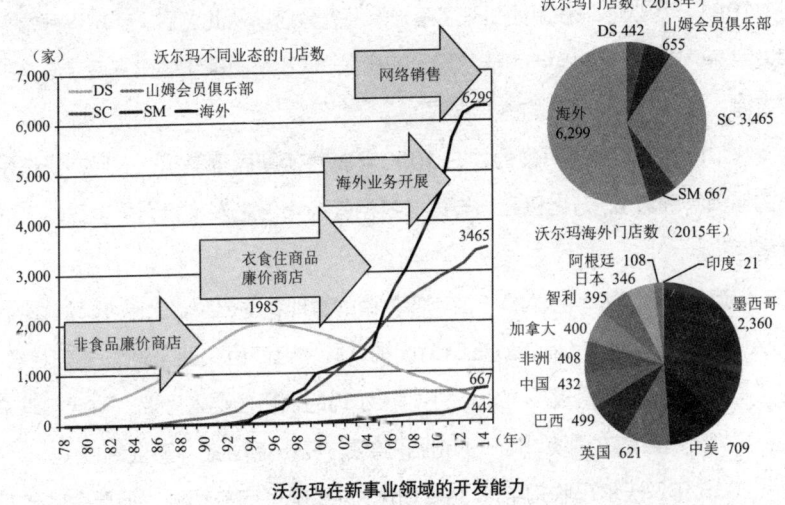

沃尔玛在新事业领域的开发能力

1962年，沃尔玛以非食品廉价商店之业态正式创立。作为廉价商店业界后起之秀，沃尔玛采取弱者战略，将主战场放在乡镇，这一明智的举措使得沃尔玛在短时间内迅速发展壮大。截止到1997年，沃尔玛的非食品特价店数量达到了惊人的1960家。2015年，该业态的店铺数减少到447家，非食品廉价

超市业态在创业期的任务正式宣告结束。

1988年,沃尔玛在原有的廉价超市基础上,成功开发出了兼具低价、一站式购齐便捷性优势的新业态(事业领域),即沃尔玛平价超市中心。2005年,超市中心的数量超过非食品廉价商店,成为沃尔玛的主力军。2015年,超市中心总数量达到3465家。

沃尔玛的新业态开发,还包括1983年开业的山姆会员商店。到2015年,山姆会员商店总共开设了655家。1998年,沃尔玛在超市中心所覆盖的大商圈之间的空隙地带开了近邻型食品超市NEIGHBOR FOOD STORE,到2015年,店铺数量达到667家。

1991年,沃尔玛在墨西哥开了第一家海外分店。从此之后,沃尔玛开始大举进军海外市场。2015年,沃尔玛已在全世界26个国家和城市开设了6,299家店铺,成为沃尔玛产业的重要支柱。

沃尔玛凭借新业态开发力,在1990年销售额跃居全美第一。目前,沃尔玛的年销售额近53万亿日元,与第二名相差近4倍之多,成为全世界最大的零售巨头。

但近年来,沃尔玛作为廉价业态零售商的管理费率已超过上限15%,逼近20%。新兴廉价超市Costco在背后虎视眈眈,电商巨头亚马逊也来势汹汹。在"前有猛虎、后有恶狼"的情况下,沃尔玛的销售额陷入停滞。对沃尔玛来说,要想突破目前之困境,唯一的出路仍然是开发出新业态(事业领域)。

2016年,沃尔玛收购电商Jet.com,进军电子商务领域,但至今收效甚微。对凭借新业态开发力成为世界第一零售业巨头的沃尔玛来说,如何融合电商,成功开发出新业态,是当前企业发展的关键。

第3章　便利店的业态（事业领域）

6. 沃尔玛事业领域的成熟

①沃尔玛：从成长期步入成熟期未及时进军电商领域，导致营收减少（自创立至今54年）

②亚马逊：经历摇篮期、助跑期，目前已进入成长期（自创立至今25年）

③阿里巴巴：经历了短暂的摇篮期和助跑期，一下子跨入成长期（自创立只用了17年就成功跃居世界第一）

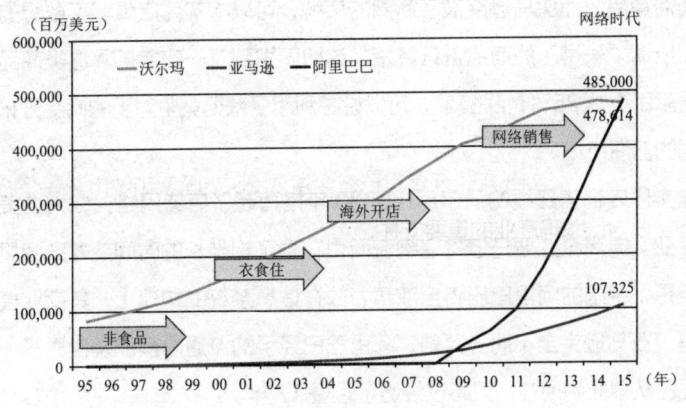

沃尔玛事业领域的成熟

沃尔玛从前身的杂货店转型为非食品廉价商店业态（事业领域），是其后顺利发展的原因。后来，沃尔玛又成功开发出了低价、一站式购齐便捷型超市中心新业态（事业领域）。正是因为这些新业态均符合顾客的需求，所以沃尔玛才赢得了顾客的支持，企业得以迅速发展。但是近年来，沃尔玛的管理费率逼近20%，低价销售已捉襟见肘。亚马逊等电商做得红红火火，对在电商领域后知后觉的沃尔玛造成了相当大的威胁。可以说，沃尔玛未能及时开发出顺应新时代的新业态。对于未能开发出顺应新时代、满足顾客需求的新业态（事业领域）、依然固守老业态的企业，最终将会失去顾客支持，甚至走向倒闭。

便利店的企业战略

亚马逊公司成立于 1995 年。创始人杰夫·贝佐斯独具慧眼，他意识到，网络销售的先决条件是构建物流、信息流平台。于是，在企业经营连续赤字的情况下，持续投资搭建了物流、信息流平台。其他电商公司都是将物流业务外包给物流公司做。而亚马逊构建了独有的物流体系和信息体系，能够比其他电商公司更迅速地将商品送到顾客手中，从而具备了相较其他电商公司的明显优势。另外，实体店受商圈限制，商品种类不会太多，且只能对易销品进行备货，不能备滞销品。而亚马逊突破了商圈的束缚，可以将实体店想都不敢想的滞销品，即所谓"长尾"的商品进行备货。这如同挖到了一座宝矿，这类商品为亚马逊贡献了高达 25% 的销售额，可以说是利用了毫无竞争对手的商品开拓了一片广阔的蓝海市场。

走实体店销售路线的沃尔玛耗时 38 年搭建起了店铺网络，成为全美第一零售企业。电商企业亚马逊构建物流网也花费了相当长的时间，才陆续见到成效。但是，中国的阿里巴巴将全部精力放在信息系统的构建上，其商业模式与沃尔玛、亚马逊完全不同。目前，阿里巴巴经手的流通总额已是世界第一。而阿里巴巴从创业到现在，只不过经历了短短 17 年。

7. 服装 SPA 优衣库的快速发展

①优衣库柳井社长提出"改变服装、改变常识、改变世界"的口号打造信息制造零售业

② 20 世纪 90 年代，日本人均服装消费高于美国，人们认为服装价格应更便宜

③全球大型服装企业的商业模式均为制造零售业（SPA），优衣库也以 SPA 为目标

第3章 便利店的业态（事业领域）

④在人均服装消费支出、超市服装销售额低下的大环境中，唯有优衣库的销售额增长势头迅猛

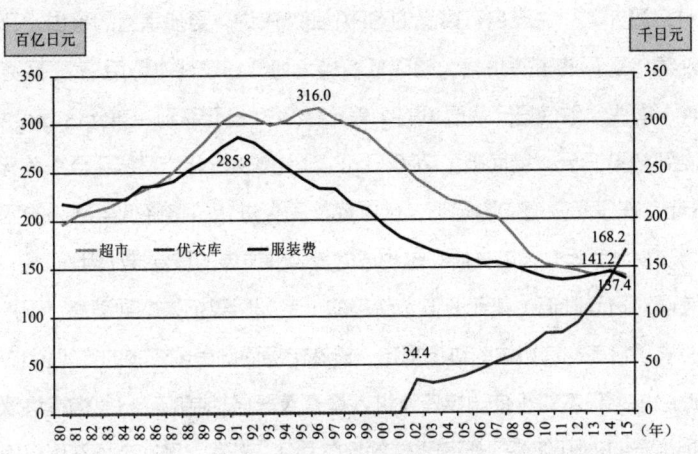

服装费支出和零售企业的销售额

接下来，让我们来看一下优衣库（母公司：迅销 Fast Retailing）的 SPA（自有品牌专卖零售商经营模式 speciality store retailer of private label apparel）事业领域。SPA 也叫作制造零售业，是美国服装品牌 GAP 于 1986 年首创的业态（事业领域）。它指的是，自有品牌在自有公司管理的工厂生产、在自有店铺销售的一种业态。

优衣库在 1984 年开了 1 号店。20 世纪 90 年代，日本人均服装支出费用高于美国。意识到这一点的优衣库创始人柳井正社长认为，有必要降低日本的服装费用。在得知欧美国家大获成功的服装企业走的是制造零售业模式，即 SPA 业态后，柳井正社长将 SPA 业态引入了优衣库。

与此同时，廉价业态的日本超市迫于管理成本上升压力，为挤出更多利润，不得不将主售商品由低价格带商品转向中价格带商品。于是，低价格带衣食住

的30万亿巨大市场，没有了大型竞争对手，处于竞争真空地带。优衣库幸运地凭借SPA业态成功打入30万亿的低价格带市场，并迅速获得原始资本积累。

对在海外工厂生产自有商品的SPA业态来说，更加幸运的是由于日元升值，从海外工厂的进货价格大幅降低，极大地节省了成本。后来，"尼克松冲击事件"发生，致使日元从原来的1美元合360日元涨到1美元合300日元，之后涨到260日元、继而破了200日元……到1995年，又暴涨至1美元等于80日元。在日元升值的影响下，优衣库从国外进货价格降低至原来的四分之一，再次得到幸运女神的关照，这也成为其事业发展的重要推动因素。

美国对日元升值（美元贬值）带来的一系列后果仍未感到满意。于是，与日本签署了日美构造协议。协议规定，日本市场面向美国资本的零售企业开放。而在此之前，日本对于外国零售业进入是有着严格规制的。日美构造协议的签署，相当于向外国资本打开了日本市场的大门。当然，日本市场不仅仅面向外国资本开放，对于日本国内所有零售企业也是一视同仁，在政策上放宽了许多。由于日元升值，SPA业态的企业可以低价从国外进货。并且，由于日本开店规制缓和，企业得到快速发展。

在30万亿低价格带市场、日元升值促使低价进货、开店规制缓和，这三个有利条件驱动下，优衣库在家庭服装消费支出减半、百货商店和超市服装销售额减半的恶劣形势下，其销售额快速增长。制造零售业不同于百货商店、超市的事业领域，是其成功的关键因素。

优衣库的柳井社长经常挂在嘴边的一句话是："改变服装、改变常识、改变世界（打造信息制造零售业）"。优衣库正是出于对自有品牌的高度自信，才会在与电商对手竞争中充满信心。而反观7&i集团设立的电商网站omni7，因为缺乏顾客期望商品，在与电商竞争中始终没有建立自信心，与优衣库形成鲜明对照。

第3章 便利店的业态（事业领域）

　　顺便插一句，经营者的先见之明固然是事业成功的条件之一，但是，时机也非常重要。在以前，超市能够将生产商的大量产品卖给物质匮乏的顾客，正是赶上了经济高速成长的好时机。便利店主打"解决个人消费者眼下不便"的商品和服务性商品得到顾客支持，同样是得益于"富裕时代"到来的结果。

/便利店的事业领域/

1. 7-11 和罗森的创业期

① 7-11 摸索出日本型便利店，收集每日购物小票进行分析，锁定"解决顾客眼下不便"的商品

② 罗森以美国熟食店型的便利店为参照，没有及时形成符合日本国情的便利店

企业名称	1号店	立地	卖场	业态	备货	参考
7-11	丰洲（东京）	工厂前	200m²	迷你超市		日本型便利店
罗森	樱塚（大阪）	高档住宅区	200m²	迷你超市	聚会食品·副食	美国型便利店

蔬菜·副食卖场
（面对面销售）

7-11 和罗森的创业期

第3章　便利店的业态（事业领域）

当美国的便利店业态最早登陆日本时，日本国内的零售企业对便利店的业态丝毫不了解。

伊藤洋华堂的常务董事铃木敏文决定将美国的7-11引入日本。最初，他也曾遭到了来自本公司的巨大非议。据说，铃木敏文在拿到美国7-11给的几本经营标准化流程手册后翻了翻，认为除了有关加盟连锁协议的内容之外，其他部分都没有参考价值。于是，日本7-11在最初开店时，将卖场面积从一般食品超市的1,300m² 左右压缩至1/6 的200m²，作为小型超市正式开业。开业后，为了开发符合日本国情的便利店业态，日本7-11每天都会将收银时打印的收据条收集起来，调查每一天卖了什么、卖了多少，公司全体员工凑在一起进行分析。就在小票慢慢堆积成山的过程中，日本7-11最早摸索出了符合日本国情的便利店业态。那就是：便利店并不是小型的超市，便利店的事业领域也和超市不一样。超市是普通家庭购买生活用品的地方，而便利店的存在应是为了"解决顾客眼下不便"的小型商店。有这样需求的顾客不在少数。

反观日本罗森，在最初的创业期犯下过几个严重的错误。日本罗森的1号店开在了樱塚町，店铺外墙上用英文字母写着"Delicatessen·Party foods（熟食·聚会食品）"。但是，日本不像美国那样时常办家庭聚会。所以，罗森最初的事业领域定位错误导致了开店选址错误。罗森把店铺开在了经常举办家庭聚会的高档住宅区。最初，罗森的品类配备与7-11一样，也是类似小型超市的一般商品。后来，为了彰显西式风格，改成了面对面销售西式熟食和开Party用的进口食品。与日本7-11认真分析收据条，进而锁定销售商品的务实方法不同，罗森仅凭直觉盲目地提前决定了事业领域。这种先入观是非常可怕的，说明日本罗森根本没有思考过"日本的便利店是什么"这个问题。这就导致了日本罗森很晚才找到符合日本国情的便利店业态。而彼时，日本7-11早已开始销售日本独有的便当、饭团、熟食等商品了。

2. 什么是便利店的事业领域？

便利店的事业领域	
1. 卖什么？	即刻解决顾客眼下不便的商品和服务
2. 卖给谁？	自主消费的个人需求者
3. 怎样卖？	顾客聚集立地 小商圈（把店开到顾客身边） 锁定易销品 轻资产经营（通过微笑曲线进行选择和聚集） 总部和加盟店的共同经营 搭建商流・物流・信息流平台 构建网络

便利店的事业领域简单说来就是：①卖什么？②卖给谁？③怎么卖？

首先是卖什么？日本便利店的商业模式是出售"即刻解决顾客眼下不便"的商品和服务。人们到超市是要购齐今晚或这周的食材。而到便利店购买的是能够立即填饱肚子的食品。也就是说，人们到超市买的商品大都不是立即使用的，而到便利店买的商品，是立即能用得上的东西。

其次是卖给谁？便利店的商品是卖给有个人需求的"消费者本人"。而超市面对的主要客户，是代表家庭外出购物的家庭主妇。

最后是怎么卖？便利店秉承"把小小的店铺开到客户身边"的商业理念。超市的特点是卖场大、备货齐全、货价便宜、集客能力强。而便利店出售的是便捷性，强调把店铺开到顾客身边。由于便利店面积较小，所以必须精选商品品类，并且需要构建支撑小型店铺的平台和网络。除此之外，便利店为在某一地区集中开店、提高运营效率，采用了连锁加盟方式，即总部专注于企划业务、加盟店专注于销售业务，两者分工明确、共同经营。

第3章 便利店的业态（事业领域）

3. 把什么商品、用怎样的方式、卖给谁？

便利店通过连锁加盟的商业模式出售"解决顾客眼下不便的商品及服务"的"个人需求品"。

	项目	便利店	综合商超	电商
卖什么？	售卖品	即刻解决顾客眼下不便的便捷性	一站式购齐的便捷性	无论何时、无论何地、无论什么的便捷性
	项目	便利店	综合商超	电商
	顾客	个人消费者	家庭	家庭＋个人
卖给谁？	购买者	使用者本人	家庭购买代理人（家庭主妇）	家庭＋本人
	商圈	半径300~500m（步行5分钟）	半径5~10km	日本全国（全世界）
	项目	便利店	综合商超	电商
	开店立地	人流、车流量多的场所	可建设大型店铺的场所	无店铺销售（日本全国集客）
	店铺规模	小（99m²）	大（3.3万m²）	
	开店理念	把小小的店铺开到顾客身边	店铺规模大、具备集客能力	
怎么卖？	备货数	3,000种（超级易销品）	20万种（易销品）	450万种（滞销商品包含在内）
	轻资产经营	加盟店铺·3PL配送中心	自营店铺·配送中心	无店铺销售
	店铺运营	总部和加盟店共同经营	直营店经营	无店铺销售
	平台	连接供应商·总部·加盟店	连接供应商·总部（店）	连接供应商·总部·顾客
	网络	线上订货·POS业务	部分线上	线上订货

三种业态的事业领域对比

便利店的企业战略

为了进一步明确便利店的事业领域,我们把便利店、综合商超和电商的业态进行综合比较。

首先是卖什么?便利店出售"解决顾客眼下不便"的商品和服务的便捷性。综合商超汇集衣食住各方面商品,出售一站式购齐服务的便捷和低价。电商发挥无实体店铺的特点,主打的是"无论何时、何地、任何商品都可以销售"的便捷性和低价格。

其次是卖给谁。便利店的客户群体是小商圈内的个人需求者,即商品·服务使用者本人。综合商超的主要客户是辐射半径 5~10km 内的家庭消费代理人——家庭主妇。电商不受商圈的束缚和限制,面向日本全国(乃至全世界)的个人需求者或家庭消费代理人。

最后是怎么卖?便利店采取"把小小的店开到顾客身边"的销售方式。综合商超因为卖场大,具备集客能力。电商没有实体店铺,不受商圈的限制。便利店由于店铺较小,商品种类锁定在 2,800~3,000 种。综合商超因价格低、备货齐全,追求一站式购齐的便捷性,商品种类大概在 10 万~20 万种。实体店因为受商圈限制,来店顾客数、商品种类均有上限。电商没有实体店铺,不受商圈的束缚,同时可以备着在实体店滞销的所谓"长尾"的商品,目前电商的库存商品种类可达 450 万种。而在网上可以搜索到的商品种类大约为 2 亿种。这样的体量是综合超市、便利店无法比拟的。

对便利店来说,可以支撑多个店铺运营的商流·物流·信息流平台是极为重要的。综合商超不仅是提供丰富商品的大型卖场,还需要聚集众多专卖店、餐饮店、游乐场、电影院等文娱设施进驻,这是其形成强大集客力的关键。对电商来说,2 亿商品的可搜索量和确保购物后迅速送达的物流体制是最重要的。

第 3 章 便利店的业态（事业领域）

/便利店卖什么商品/

1. 集中解决个人需求不满的便利店

①超市是家族用餐的食材提供者（提供内食的食材）

②便利店提供即刻解决个人眼下不便的商品和服务（强化中食[①]商品配备）。初期提供简单食品，后来充实了中食内容后销售额提高，创造了更好的开店立地条件

超市	便利店
家庭消费者	个人消费者
料理材料、食材	可直接吃的即食食品
家庭购买代理人购买（家庭主妇）	使用者本人购买
买回家搁置	购买后直接消费

素材·食材 （家庭消费者）	即食食品 （个人消费者）	继续使用商品 （家庭消费者）	一次性商品 （个人消费者）
米	便当·饭团	盘子（陶瓷器皿等）	纸盘
面粉	三明治	杯子（陶瓷器皿等）	纸杯
咖啡	即冲咖啡	筷子	一次性筷子
蔬菜	蔬菜沙拉	大容量洗洁剂	少量洗洁剂

[①] 中食：在日本，一般管在外面餐厅吃饭叫作外食；在家里自己做饭吃叫作内食；中食则是介于内食和外食之间的一种吃饭形式。把在超市、便利店做好的食品买回家吃或者稍微做点加工，叫作中食。这是近年来随着职业女性、不婚族的增长，在日本飞速发展的一种业态。

便利店的企业战略

续表

素材·食材 （家庭消费者）	即食食品 （个人消费者）	继续使用商品 （家庭消费者）	一次性商品 （个人消费者）
鸡肉	炸鸡块	家庭用洁面用品	随身携带洁面用具
关东煮食材	关东煮	常备化妆品	随身携带化妆品

集中解决个人需求不满的便利店

我们先来看"购买单位"。个人需求者到便利店购买的是立即解决个人不便的商品，所以商品的单位数量小。而家庭主妇到超市为整个家庭采购，商品的单位数量比较大。

再分析具体的商品。人们到超市一般会买 5kg 或 10kg 一袋的大米，而个人消费者到便利店购买的是已经做好的、可以马上吃的一人份便当或饭团等食品。人们到超市购买 0.5kg 面粉，但是去便利店只会购买可以立刻拆开包装食用的 1 人份三明治。人们到超市购买蔬菜，而到便利店购买已经拌好的沙拉。人们到超市购买鸡肉，回家做成菜吃，而到便利店购买的是炸鸡块。人们到超市购买咖啡豆、咖啡粉，回家泡着喝，而到便利店购买的是一杯热腾腾的现磨咖啡。即便是日常用品，人们到超市购买的是能放在家里使用很长一段时间的物件，而到便利店购买的是立即使用的一次性商品。比如，人们到超市购买陶瓷或玻璃材质的盘子、茶碗、杯子等可重复性使用的器皿，而到便利店买的基本是纸杯、纸碗等一次性使用品。超市里面卖的洗衣剂、化妆品大都是大瓶装，可以使用很长一段时间。而便利店出售的洗衣剂、化妆品都是小瓶装，只能使用一两次。

业态（事业领域）的不同，导致配备的商品也完全不同。

第3章 便利店的业态（事业领域）

2. 专注解决不满的新领域开发

①创业期："24小时营业的时间上便利的店"，那个时代，夜晚既没有餐饮店也没有快餐店开门，便利店属于夜晚的年轻人

②成长期：致力于快餐、服务等解决不满的新内容开发而获得成长

③再次成长期：加入"生鲜、副食"等内容后，重获职场女性和老年顾客的青睐，再次成长

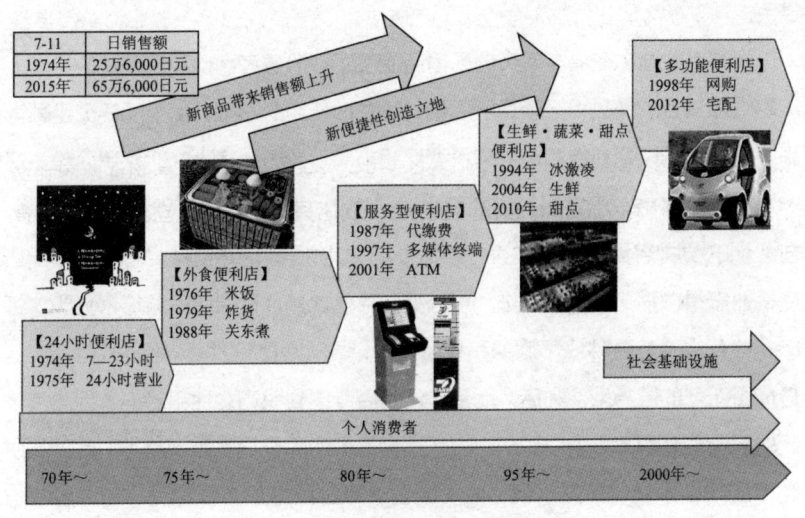

专注解决不满的新领域开发

在初创期，便利店企业并不明白到底什么才是便利店，于是将便利店作为迷你超市开始试水。最初的便利店面积仅是 $200m^2$，大概是超市卖场面积 $1,300m^2$ 的六分之一，出售商品也缩减为超市的六分之一。最初，便利店和超市的差别主要是商品价格高、商品种类少、营业时间自早7点至晚11点。但真正属于"即刻解决顾客眼下不便"的商品，仅仅只是24小时营业而已。1975年之前，日本不但没有长时间营业的超市，到了深夜连餐饮店、快餐店的

便利店的企业战略

影子都见不到。便利店一经出现，便得到了夜生活丰富的年轻人和夜班工人的青睐。

长时间营业的效果立竿见影后，便利店在开业一年后的1975年，将营业时间从原来的早7点至晚11点延长至24小时营业。营业时间比原来多出8个小时（增加了晚11点至早7点营业时间）后，销售额也比原来增长了将近25%，平均每小时的销售额与早7点到晚11点的平均每小时销售额相比毫不逊色。

便利店的易销商品与超市的易销商品不同。消费者到便利店购买的是本人能够立即消费的商品，必须是一人份、可立即使用的形态。由于能够满足顾客眼下需求，所以便利店的商品售价要比超市高。超市出售大米、食用面粉、鸡肉、香肠等食材，于是便利店随后研发了便当、寿司、三明治、油炸食品等。创业期的便利店具备两个优势：24小时营业和提供快餐食品。基于此，便利店的业态得以强化，并成功进入成长期。除此之外，便利店逐渐加入复印、打印、业务中介等各种线下服务和代缴费、订票、ATM存取款等服务内容。这形成了新型的服务型便利店。而且，便利店考虑到职场女性和老年人到离家较远的超市买东西不方便，专门研发了适合他们的平价自有品牌商品。此外，便利店还陆续添加了蔬菜水果、熟食副食、每日配送的新鲜食品等新内容。与此同时，便利店还提供代收网购货物、代收发快递等服务，成为真正的多功能便利店，甚至承担了部分社会基础设施的功能，为人们带来了更多更好的方便。

综上所述，便利店陆续开发出值得销售的商品和服务，销售额节节攀高。不但新商品和服务日渐充实，客户群体也从年轻男性，扩展至职场女性、老年人等不同年龄阶层，日销售额连续提高。初创期，7-11的日销售额仅为25万6,000日元。40年后的2016年，7-11的日销售额增长至65万7,000日元，

第3章 便利店的业态（事业领域）

增幅达 2.6 倍。便利店店铺数量总体超过 5 万家，也是因为日销售额不断提升，使得可开店的位置也不断增加。

3. 构建符合本国国情的事业领域

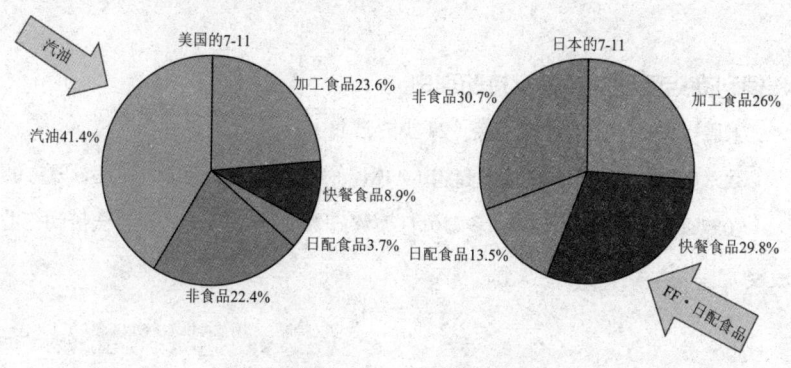

美国 7-11 和日本 7-11 的销售额构成比

据 2015 年决算资料

各国便利店销售的商品有着明显的差别。让我们来看一下美国 7-11 和日本 7-11 的商品销售构成比见上图。具体则如下：

美国 7-11：加工食品 23.6%、快餐食品 8.9%、非食品 22.4%、日配食品 3.7%、汽油 41.4%。汽油的销售额占全部商品的四成多。

日本 7-11：加工食品 26.0%、快餐食品 29.8%、日配食品 13.5%、非食品 30.7%。解决顾客眼下不便商品中的快餐和日配食品的构成比为 33.4%。

在日本，不同地域和立地的易销商品有很大不同，更不用说不同国家的易销商品，更是大有差别。因此，商品配备符合本国、乃至地域和立地需求才是关键。日本的便利店虽然源自美国，但一直在找寻适合自身发展的事业领域。美国 7-11 主要出售"司机赶路时的需求品"。日本 7-11 主要出售"即刻解决顾客不便的商品和服务"。美国 7-11 学习日本 7-11 之业态,丰富了快餐食品种类,增加了 ATM 机等服务内容,销售额有了明显改观。这是业态反向输出的好例子。由此可见,所谓"即刻解决顾客眼下不便"之"不变(不易)"和找到适合本国国情的商品和服务并进行销售之"流行",两者有必要很好地结合在一起。

4. 便利商店受到消费者支持的理由

①最初,是时间便捷型商店(24 小时营业)

②之后,转型为服务便捷型商店(ATM、公厕、缴费、复印、快递、票务)

③罗森最先新增洗手间、多媒体订票终端等服务(第二名的活跃带动行业发展)

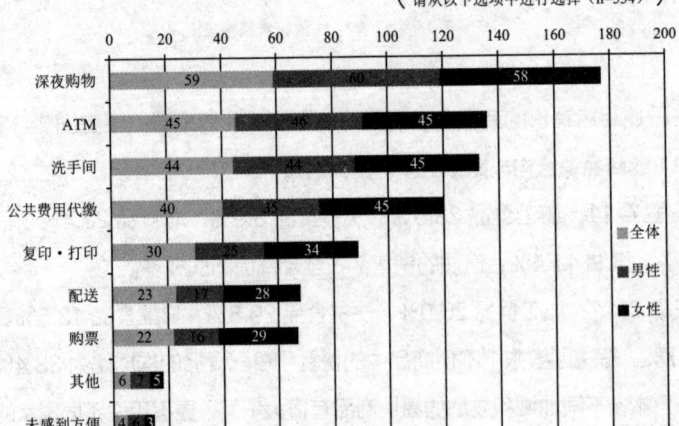

便利店的便捷性

据 Goo 调查资料制作

第3章 便利店的业态（事业领域）

Goo调查[①]曾对便利店的便捷性展开过顾客调查。结果显示，接受调查的顾客中，有59%认为"深夜购物"排在便捷性第一位。直到现在，"深夜购物"仍然是最能让人们感受到便利店便捷性的服务内容。接下来的便捷性排名依次为：ATM（45%）、洗手间（44%）、公共费用代缴（40%）、打印（40%）、快递（30%）、购票（23%），最被消费者认可的全部是服务性商品的便捷性。

日本银行的网点较少，并且仅从早9点营业至下午3点，许多顾客深感不便。而24小时营业的便利店提供能代替银行功能的ATM、公共费用代缴服务，为消费者提供了极大的方便。

便利店同时提供快递、售票服务。因为是24小时营业，且店铺数量远比快递服务站、订票中心要多得多，为消费者带来了非常大的方便。

罗森在1994年最早提供免费公厕。其他便利店也紧跟其后，陆续允许消费者免费使用洗手间。无论是市中心、还是郊区，日本的公厕都不算太多，便利店提供免费公厕，让公众如获至宝。

便利店门店多且24小时不间断营业，这两个最大的优势让便利店为公众提供各种各样的便捷服务，成为名副其实的多功能型便利店。这也可以说是一种社会基础设施。将来，便利店要紧握这两把武器，进一步丰富便捷内容。只要本部持续拥有开发新商品、新服务的企划力，便利店就会一直发展下去。

---

① Goo调查：Goo是日本综合门户搜索网站，相当于中国的百度，Goo调查则主要基于网络提供相关的数据信息。

便利店的企业战略

/便利店把商品卖给谁/

1. 顾客层变化的应对

①少子高龄化导致便利店的主要客户群体发生显著变化

②曾是便利店主要客户群体的年轻消费者骤减。便利店转而开发职场女性、老年客户，并取得成功

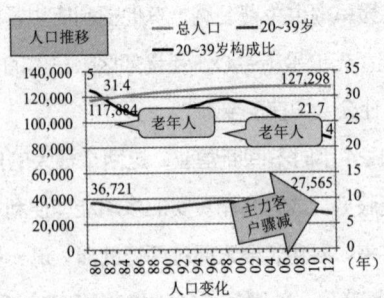

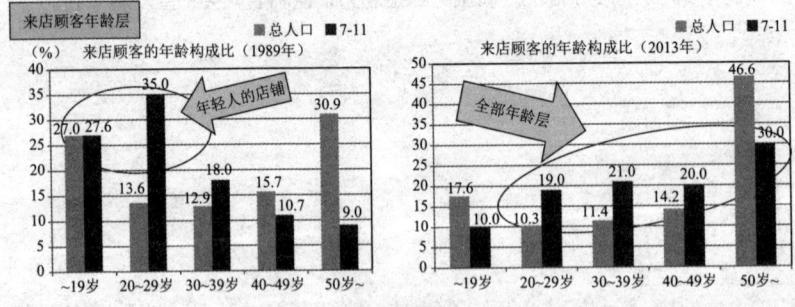

顾客层应对的变化

第3章 便利店的业态（事业领域）

日本的便利店在初创期，主要客户是年轻消费者。但经过40多年后，日本的人口构成发生了很大的变化，曾是主要客层的年轻人数量骤减。2013年，在日本社会中50岁以上的老年人口占了多数。在少子高龄化的今天，如果便利店仍然定位于年轻人的店继续运营下去，那么，日本的便利店早就衰退了。

日本的便利店在人口构成发生显著变化后，做出了明智的调整，结果无疑是成功的。

比较1989年7-11的来店顾客年龄层构成比和日本人口构成比得出，7-11的来店顾客年龄层集中在20多岁，大约占34.6%，而50岁以上的老年顾客占比仅为9%。24年后的2013年，7-11来店顾客年龄层集中在50岁以上，占比约为30%，与1989年相比增长了3倍多。曾经的主要顾客群体20岁左右的年轻消费者仅占10%。由以上数据我们可以看出，便利店从最早的年轻人店铺，变成了适合所有年龄层顾客的大众型店铺。

这样的结果并非自然演变而成的。随着人口结构的变化，便利店也调整了商品的内容，从而使得来店顾客年龄层也随之改变。职场主妇越来越多，便利店随即增添了副食和日配商品的种类，以帮助她们节省准备晚饭的时间。另外，便利店还开发出多种自有品牌商品，充实了商品种类，且性价比并不输于超市，这样一来，更加吸引了职场主妇前来购买。

为方便职场主妇而新添的副食、日配商品以及其他自有品牌商品，同时也得到了老年人的青睐。腿脚不便的老年人，比起超市，他们更愿意到离家更近的便利店采买。超市的商品大都以量取胜，客户群体以家庭为单位。而便利店出售的商品以个人消费者为主，量比较少。日本的老年人基本上是夫妇二人独居或孤寡老人，便利店的小包装商品显然更适合他们。

综合超市以家庭需求为主的顾客数量持续减少，目前正为寻找对策而绞尽脑汁。而便利店在日本少子高龄化时代，做出了明智的应对措施。这是企业顺应时代变化的绝佳范例。

便利店的企业战略

/ 便利店怎么卖商品 /

1. 把店开到顾客身边

①便利店为解决顾客眼下不便,必须开在小商圈(开在顾客身边)

②开在小商圈内,决定了便利店的规模必然很小(距离最近的、超级好卖的商品)

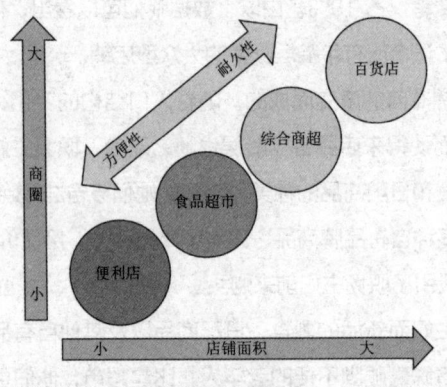

把店开到顾客身边

便利店是"解决顾客眼下不便"之事业,其所在商圈必然不会太大。如果商圈太大,顾客就不能在遇到麻烦时立即到店,便利店也就不能称之为"便利"店了。小商圈内的人口很少,来店顾客也不会太多,所以便利店的规模也不能太大。也就是说,以"即刻解决顾客眼下不便"为事业的店铺,其规模一定是小的。在狭小的商圈内,把店开到顾客身边的,才是便利店。

第3章 便利店的业态（事业领域）

开在狭小商圈内，以"即刻解决顾客眼下不便"为目标的便利店，和开在大商圈、卖场大、商品种类多，提供"一站式购齐的便利性"而具备集客能力的百货商店及综合商超的商业模式正相反。把这种一站式购物的便利性发挥到极致的是以百货商店、综合商超为核心，集各种专卖店于一地的大型购物中心。

2. 立地的多样化

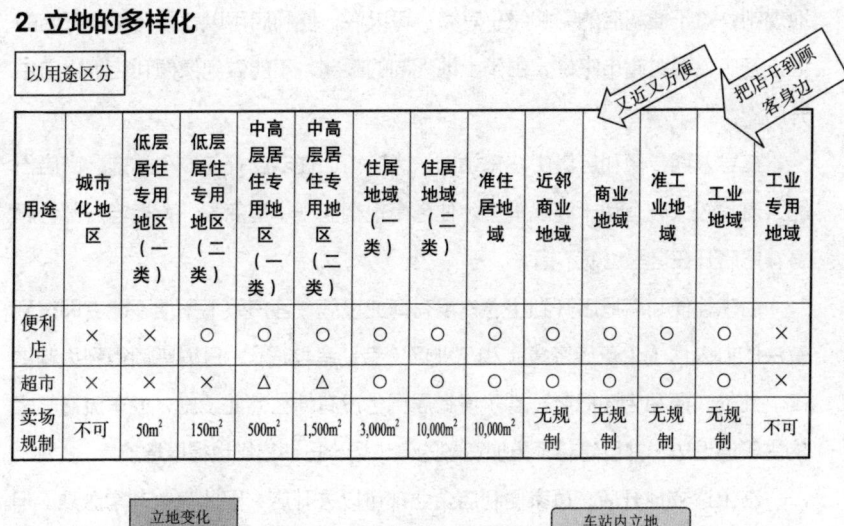

用途	城市化地区	低层居住专用地区（一类）	低层居住专用地区（二类）	中高层居住专用地区（一类）	中高层居住专用地区（二类）	住居地域（一类）	住居地域（二类）	准住居地域	近邻商业地域	商业地域	准工业地域	工业地域	工业专用地域
便利店	×	×	○	○	○	○	○	○	○	○	○	○	×
超市	×	×	×	△	△	○	○	○	○	○	○	○	×
卖场规制	不可	50m²	150m²	500m²	1,500m²	3,000m²	10,000m²	10,000m²	无规制	无规制	无规制	无规制	不可

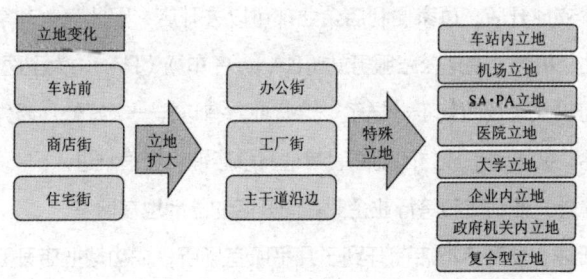

立地的多样化

便利店的企业战略

根据土地使用规制，日本土地用途分为以下 13 种：农地的城市化调整土地、7 类住宅用地、2 类商业用地、3 类工业用地。按照规定，城市化调整土地和工业专用土地不得进行商业设施建设。低层居住专用地（一类）允许商业设施建设，但不得超过 $50m^2$，也不适合便利店开店。

所以，便利店可以在除城市化土地、工业专用地和低层居住专用地之外的其他 10 种用地开店。便利店采取"把店开到顾客身边"的开店战略，上述用地规制，对于便利店的影响微乎其微。可以说，便利店可以在所有想要开店的地方开店。而对超市来说，由于土地规制的限制，不能做到像便利店那样自由开店。

在导入期，便利店集中在车站前、商店街、住宅区开店。车站前、商店街因人流量较大，有利于商品销售。住宅街也相当于小型商圈，有相当一部分顾客，把店开在这里也很不错。

后来，便利店把店开到了原本没有商业设施、客户眼下不便不能立即得到解决的办公区（上班族密集）和工业区（劳动者群居），日销售额得到大幅提高。此外，便利店还把店开到了没有居民也没有什么商业设施、但车流量较大的主干道沿边，并且建起了更加宽敞的停车场，日销售额也得以增加。

在上述立地开店，每家便利店企业都可以去开店，因此竞争非常激烈。但是，像车站、机场、高速公路服务站（SA）、停车场（PA）、大型医院、大学、企业、政府机关等场所就不一样了，这些地方有这样一个好处：最先在上述场所开店的话，会迅速形成封闭商圈，其他竞争店铺将会很难进入。

除此之外，便利店和跨行业企业共同开店的立地也在增多。

综上所述，便利店把店铺开到了几乎所有场所，成功地把店开到了顾客身边。7-11 的宣传口号也从原来追求全天候营业的"谢天谢地，还好有 7-11！"变成了追求全地域营业的"这么近，好便利！"。

第3章 便利店的业态（事业领域）

3. 与不同业态展开竞争

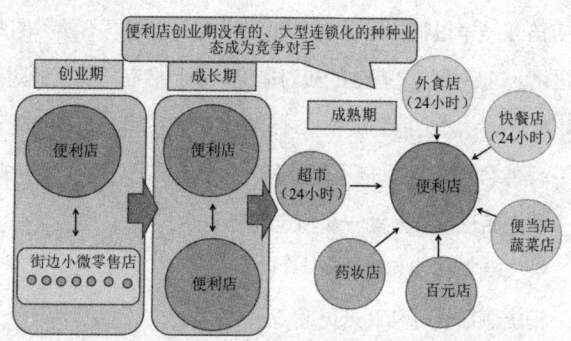

便利店是"即刻解决顾客眼下不便"之事业，从性质上来说，是与地域关联密切的小型店铺事业。因此，便利店和同样与地域关联密切的小卖店之间不可避免地存在正面冲突。便利店集中了地方上的小店，如食品店、酒铺、点心店、面包店、副食店、杂货店、文具店、化妆品店、书店的各种易销商品，虽然卖场小，但是由于汇集了能够"即刻解决顾客眼下不便"的商品，成为能够为顾客提供一站式购物便捷服务的店铺。仍保持旧态的小卖店已不是近代便利店的对手。便利店周边的小店陷入经营泥沼，最终不得不关门大吉。

创业期，便利店与当地的小卖店展开竞争，最后便利店大获全胜。步入成长期后，便利店与便利店之间又展开了新一轮的较量，弱小的便利店在竞争中失势，被更大的便利店吞并。

进入成熟期后，便利店之间的竞争依旧存在。除此之外，其他行业的竞争者汲取了便利店的优势，与之继续展开争锋。便利店在初创期打出了"24小时营业"的口号。不久之后，超市、家庭餐馆、快餐店也相继施行24小时营业。后来，便利店新增"即刻解决顾客眼下不便"的主力商品——便当、饭团等。随即，超市和药妆店也开始销售便当、饭团等食品。百元店模仿便利店里好卖的日常杂货品，不但种类更多，价格也更便宜，商品单价一律在100日元，夺

便利店的企业战略

走了便利店的部分市场。

便利店应该在竞争过程中不断对"即刻解决顾客眼下不便"的商品和服务进行升级、强化，这是最行之有效的应对措施。便利店在与跨行业对手的竞争中不断思考、不断磨砺，才会得到成长，才能得到顾客的高支持率。俗话说"无竞争、不成长"。面对竞争，便利店不能逃避，而是应该把它看作促进成长的食粮。

现如今，便利店正从成熟期一步步走向衰退期。

成长期：销售额和利润同时增长。

成熟期：销售额增长，利润未见增多。

衰退期：销售额、利润均开始降低。

便利店自导入期提供24小时营业服务以来，一直在为人们提供各种各样的便捷服务。与此同时，便利店自身也得到成长和发展。2000年，零售行业整体不景气。便利店业界开发出新业态，将由此诞生的种种新商品、新服务引入标准型便利店的事业领域。虽然新业态开发最终没有取得成功，但是，却为改善标准型便利店的销售额做出了卓越的贡献。现如今，各大型便利店企业均致力于新服务内容的开发。如果能取得成功，那便利店业态的寿命将会大大延长。

但话说回来，所有的业态都会迎来寿终正寝的那天，便利店也不例外。因此，便利店企业要刻不容缓地着手从"即刻解决顾客眼下不便"出发，开发出新的事业领域。

在过去，纤维生产商开发出化学纤维用以替代天然纤维、家用电器生产商由家用电器向工业电气转型、综合商超从定位于廉价商品诉求向一站式购物中心的便捷性诉求转变。便利店产业也到了不得不探求新的事业领域的时候了。

接下来的第四章，将围绕以下两个问题展开论述：

一、过去，便利店业界是如何致力于开发新业态（事业领域）？

二、现在，便利店业界是如何致力于新服务内容的开发？

第4章 便利店的新业态开发

/ 新服务内容的开发 /

/ 新业态的开发 /

/ 新业态之百元便利店 /

/ 新业态之女性便利店 /

/ 新业态之店内料理型便利店 /

/ 新业态之混搭型便利店 /

/ 新业态开发的成果 /

/ 新业态开发今后的方向 /

第4章 便利店的新业态开发

/新服务内容的开发/

1. 现有门店销售业绩的同比变化

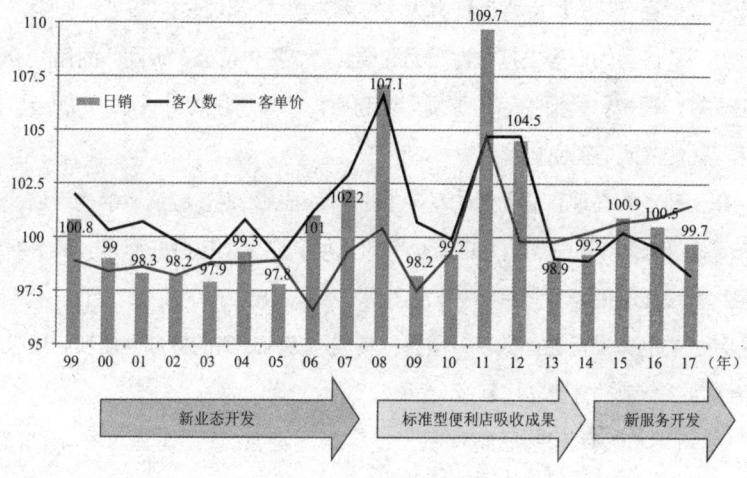

既存店前年比的变化

据日本特许经营协会资料制作

销售额低迷,迫使企业开发新业态、开发新服务内容。

1990年,日本经济泡沫破裂,经济进入严酷的寒冬期。进入2000年后,在通货严重紧缩的恶劣经济环境下,产业界、零售界的诸多企业难以维系,陆续倒闭。就连业态(事业领域)已步入衰退期的老字号百货商店和大型综合商超自然也难逃破产的厄运。

便利店事业虽然已从成长期进入成熟期,但业态并没有像百货商店和综合

便利店的企业战略

商超那样走向衰退期，所以没有任何一家大型便利店企业倒闭。但是，在严峻的通货紧缩环境下，便利店的客单价连年低迷，销售额迟迟不见增长。

在这段时期，便利店龙头企业 7-11 的日销售额（平均每家店铺每天的销售额）骤降，企业总部也连续收到来自加盟店的诉讼。

罗森和全家等排在第一名之后的便利店企业开始致力于新业态的开发，但销售额仅有零星增长。开发出的新业态包括：全部商品均售价 100 日元、99 日元的低价百元店；以女性消费者为主要客户群体、以提供"安心、安全、美味、健康"商品为口号主打女性产品的便利店；提供便当、饭团、面包等"现烤、现炒、现做"食品的店内烹调型便利店；兼具药妆店、书籍·CD 店、果蔬店等功能的混搭型便利店。

以上新业态在现有便利店的基础上进行深层次挖掘，陆续将中食市场、超市市场、药妆市场、书籍·CD 市场等带入便利店。但这并非易事。许多新业态最终都没能取得成功，在若干年后不得不宣布退出。

新业态的开发虽然失败了，但是，其成果却为现有的标准型便利店所吸收利用，为销售额的提高做出了巨大贡献。

7-11 丝毫没有染指新业态的开发。7-11 的经营战略并非追求多样化业态，而是对现有的标准型便利店进行改善。7-11 将百元便利店的成果用于了以价低、质优取胜的自有品牌——7-11Premium（7-11 精品）的开发以及对于果蔬商品的扩充。

7-11 将主打女性产品的便利店的成果引入了自家门店，强化升级了健康食品和女性专属甜点的品类。

7-11 还将店内烹调型便利店的成果丰富了放在结账柜台上进行销售的商品内容，譬如关东煮、炸货、中华馒头、现磨咖啡等商品。

后来，Taspo 卡制度的问世带来了香烟销售额的暴涨。此外，福岛日本大

第4章 便利店的新业态开发

地震爆发,生产商的工厂和仓库在地震中毁于一旦,商品供给能力大幅下降。便利店一直以来不走低价策略,因而被厂商们公认为优良销售渠道。于是,在这种情况下,生产商把一些紧俏商品优先供给了便利店。这也导致了老年顾客到店数暴涨。其结果就是,客户数量激增、销售额大幅提高。除此之外,在日本银行的金融缓和政策下,长久以来的通货紧缩状况得以改观,便利店客单价随之上涨,销售额逐渐好转。

但是,在销售额逐渐好转的背景下,大型便利店企业大肆开店,店铺很快达到饱和状态。最近一两年间,客户数量再次减少,销售额转头走向萎靡。

销售额萎靡,促使便利店企业最近又开启了新一轮的新业态开发热潮。与之前2000年以物品销售为中心的新业态开发不同,这次,便利店企业以服务型商品为中心进行业态开发。另外,此前的新业态开发是在便利店从成长期向成熟期转换的过程中进行的,并没有企业破产的情况。但是,这次的业态开发,正值便利店行业从成熟期步入衰退期的节点,如果没能够享受到业态开发带来的成果红利,便利店将会像之前许多百货商店和综合商超申请破产那样,陷入"万劫不复"之境地。

当前日本便利店的生命周期正处于从成熟期向衰退期的过渡阶段。为打破现有的生命周期,便利店必须将精力投入到新的"即刻解决顾客眼下不便的商品和服务"的开发中去。这是当前便利店业态的强化对策。

另外一点就是,要开发出与当前便利店"即刻解决顾客眼下不便"的事业领域所不同的新业态。就像生产商掌握完全不同的多个产品线那样,便利店企业也应该开发与当前完全不同的事业领域。

曾经闻名世界的美国柯达公司,仅仅将目光局限于胶卷事业上,最终被数码信息化时代发展的巨浪所吞噬,不得不宣告破产。而日本的富士胶片公司将从胶片事业中获取、积累的技术应用于化妆品和医药等多种行业,进行多元化

便利店的企业战略

发展，最后取得了巨大成功。

沃尔玛也从原来的非食品廉价商店业态转变为囊括衣食住全部商品在内的廉价商店业态，从而使事业得到飞跃式发展。

所有的事业都有生命周期，这是不可避免的。唯一能够打破这个魔咒的，就是对无时无刻的变化做出改变和适应。便利店企业要做到以下两点：一、采取相应措施，延长当前业态的寿命。二、开发出与当前便利店业态完全不同的、可以发挥协同效应的新业态（事业领域）。

2. 各便利店企业的招数

项目	共享单车	并设洗衣房	并设健身房
便捷性是否足够高？	○	×	×
是否可在全店开展？	○	×	×
市场规模是否大？	中	中	中
投资额妥当与否？	小	2,000~4,000千万日元	5,000千万日元

共享单车	7-11	全家	罗森
开始时期	16/12开始（东京）	16/6开始（东京）	16/8开始（青森）
目标	20/6 1,000店		
合作方	Soft Bank	DOCOMO	DOCOMO

并设健身房	全家
开始时期	18/2开始（东京）
目标	22/末 300店

并设洗衣房	全家
开始时期	18/2开始（东京）
目标	20/2 500店

各便利店企业的招数

第4章　便利店的新业态开发

现在，便利店正再次面临严峻考验。就连便利店龙头企业7-11，也不得不面对既存店销售额同比下降的尴尬境地。这一状况如持续下去，还会发生2000年前后加盟店主要求本部赔偿的诉讼案件。为防止噩梦重现，各便利店企业正力图开发新服务内容，以增加来店顾客数量。

前三名便利店企业正努力发展的共享单车服务、全家的并设健身房和投币式洗衣房，是新服务内容的代表。

新服务内容是否能取得成功取决于以下四个条件。

一、是否具备高便捷性？便利店的业态是"即刻解决顾客眼下不便"，便捷性当然是越高越好。如果没有便捷性，那自然毫无意义。

二、是否能在全部门店开展？如果仅在部分门店开展，并不能带动整体销售额的实质性增长。

三、新服务内容的市场规模是否大？如果市场规模小的话，将无法对提高销售额做出贡献。

四、投资额是否与市场相匹配？如果投资过大，那么将无法确保收益。

根据以上标准对当前正在进行的新服务内容是否具有事业发展性进行判断，发现共享单车基本上满足上述四个条件。但是，并设健身房、并设投币式洗衣房并没有满足上述四个条件。

没有满足上述四个条件的新服务内容，要么宣布失败、要么仅适合部分门店，是无法作为事业来发展的。

/新业态的开发/

1. 2000 年初业态开发关系图

①新业态是对除便利店以外其他业态市场的挑战、是争夺新顾客群体的挑战

②面向女性群体的便利店通过深耕便利店市场、向争夺女性顾客发起挑战

③百元（100 日元）便利店以百元低价向超市市场发起挑战

④店内烹调型便利店向中食市场发起挑战

⑤跨行业混搭型便利店向药妆店的医药品、CD·DVD·书·杂志市场发起挑战

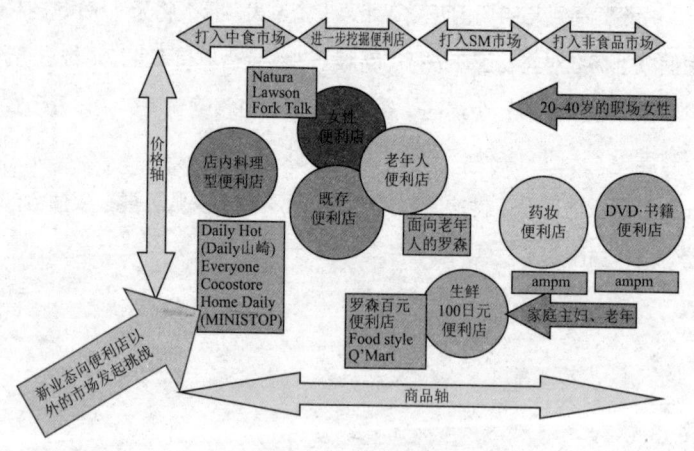

2000 年初业态开发关系图

第4章 便利店的新业态开发

进入2017年以来,各便利店企业的销售额再次转向低迷,连续多年发展顺利的良好势头戛然而止。为打破当前的低迷,各便利店企业纷纷开始致力于新服务内容的开发。

面向女性顾客的便利店、面向老年顾客的便利店就是在现有的便利店基础上进行深层次挖掘的产物。这两种类型的便利店就是把以往便利店的非主流群体——女性和老年人为目标客户群的业态。

百元便利店、生鲜便利店是以百元低价优势争夺综合商超客户群体为目标的业态。

店内烹调型便利店是以获取中食市场顾客为目标的业态。

跨行业混搭型便利店是通过附设出售顾客需求度较高的医药品为主的药妆店、附设出售年轻人需求度较高的CD・DVD・书本杂志为主的书店,来争取非食品市场顾客的业态。

2. 店内烹调与价格的关系

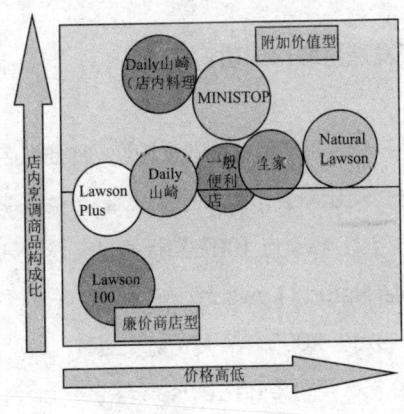

上图纵轴是需要重型设备的"便当·饭团""烤制面包"和需要轻型设备的"炸货""关东煮""包子"等店内烹调食品的构成比，横轴是价格，以此做成的矩阵大致呈正态分布。

"Lawson 100"的店内烹调食品的构成比、价格都很低，是廉价商店型的便利店。由于注重价格，所以 Lawson 100 没有准备附加价值高的炸货、关东煮、包子等。

店内烹调设备齐全、"现烤、现炸、现做"食品种类丰富的 Daily 山崎的 Daily Hot 的店内烹调食品构成比最高。MINISTOP 的店内加工食品构成比虽然未及 Daily 山崎的 Daily Hot，但相比其他品牌依然较高。

Natural Lawson 的商品标榜"安心·安全·美味·健康"。这种业态的便利店叫作附加价值型的便利店。

那么，到底是廉价型便利店最终获得了顾客支持还是附加价值型便利店最终获得了顾客支持？两者的业态战略有着明显不同。接下来，我们将对此进行具体分析。

3. 罗森的新业态开发是否取得成功？

在便利店业界中，罗森是最积极推进业态开发的便利店企业。目前，在绝大多数便利店企业陆续退出新业态时，罗森是唯一一家除标准型便利店之外，还同时拥有百元便利店"Lawson 100"和标榜"安心·安全·美味·健康"、主打女性群体的便利店 Natural Lawson。

罗森的百元便利店始于 2005 年 4 月份。在当时，是以 Value Lawson 的名号作为开端。2009 年 5 月，Value Lawson 与 99Plus 合并。2011 年 7 月，

第 4 章 便利店的新业态开发

Lawson 100 正式成立。2014 年 2 月，公司名称定为 Lawson Mart，并开始运营 Lawson 100。2016 年 3 月，公司名称变更为 Lawson 100。2017 年 2 月，Lawson 100 的门店数达到 798 家。2013 年 2 月，Lawson 100 的门店数达到最高值 1,224 家。自此之后，罗森一直忙于应对不良店铺的处理。

【不同业态的店铺数】店铺数	07/2	13/2	17/2
罗森（标准型）	8,384	9,796	11,885
Lawson Mart	780	1,224	798
Natural Lawson	100	110	141

标榜"安心・安全・美味・健康"、面向女性消费者的 Natural Lawson 便利店于 2001 年 7 月在自由之丘①正式开店。2007 年 2 月，Natural Lawson 的门店数达到 100 家，是 2016 年的 2 倍。但是，过度开店导致其在之后的 5 年间陷入低迷。2012 年 2 月，店铺数量逐渐回归至 100 家左右。2017 年 2 月，Natural Lawson 的门店数达到 141 家，增速并不高。

4. 罗森新业态开发的比较

①低价格 Lawson 100 迟迟打不开商圈，走向失败

---

① 自由之丘位于日本东京都目黑区，是知名的时尚街区，深受年轻女性的喜爱。

便利店的企业战略

②定位在年轻女性、在市中心的办公区和车站开店的 Natural Lawson，也因为立地和定位的限制而失败

业态	07/2	13/2	17/2
Regular	8,384	9,796	11,885
Lawson 100	780	1,224	798
Natural Lawson	100	110	141

项目	Lawson 100	罗森（标准型）	Natural Lawson
店铺数	798 店	11,885 店	141 店
开业	最早以 Value Lawson 的名号于 2005 年开店	1975 年	2001 年
业态	百元便利店	标准型便利店	女性便利店
理念	①便利店的便捷性 ②超市的生鲜配备 ③百元店的均一价格	即刻解决顾客眼下不便	安心·安全·美味·健康
主要顾客	老年主妇	全部年龄层顾客、男性居多	20～30 岁女性占 60%
立地	大都市圈住宅区	全国	大都市的办公区和车站
价格带	统一 100 日元	便利店价格带	部分高价格带
商品	PB 和二流厂商产品	一流厂商的 NB 新商品	安心·安全·美味·健康的小众商品

虽然罗森的新业态发展得并不太好，我们还是来比较一下新业态的事业领域。事业领域即为"把什么以怎样的方式卖给谁？"。我们以此来进行比较。

标准型便利店的商业模式是"即刻解决顾客眼下不便"。并且，标准型便利店把"即刻解决顾客眼下不便"的商品和服务出售给全部年龄层的顾客。因

第4章 便利店的新业态开发

百元便利店的新业态同时具备以下三个业态特征:一是便利店的便捷性、二是超市的生鲜商品配备、三是百元店的100日元均一价格。

1996年,独立系的99Plus从百元杂货商店获得灵感,它没有成立以食品为中心的百元店,而是成立了所有商品99日元统一售价的99日元店。

看到99Plus势如破竹的发展势头,许多便利店企业纷纷大踏步进入百元便利店市场。便利店Three-f在2002年12月成立了99日元统一售价、主打生鲜的Q'Mart。便利店企业ampm在2005年3月成立了Food Style,售价统一为98日元的生鲜强化型店。罗森在2005年4月成立了Value Lawson,也是生鲜强化型百元店。C&S开了"99一番",也主打生鲜。2006年8月,廉价商店堂吉诃德的"情热大陆"正式开业。虽然商品售价不统一,但其价格比便利店便宜5%~20%。

但是,众便利店企业均未能实现预期业绩。ampm的Food Style在2年后的2007年关闭了所有的20家门店。堂吉诃德的"情热大陆"也在2008年关门大吉。C&S的99一番后来被纳入母公司超市旗下,作为迷你超市管理运营。截止到2017年2月,99一番的门店数为70家。Three-f的Q'Mart在2017年2月仅剩5家门店坚持运营。大多数百元便利店要么倒闭、要么转为小型超市运营,现所剩无几。

唯有罗森在合并99Plus之后,店铺数从巅峰期2013年2月时的1,202家,骤降为2017年2月的798家,共减少了400家门店。

那么,为什么百元便利店没能够确立业态,最终导致惨败呢?下面将对此展开论述。

2. 没能成功定位事业领域的百元便利店

①缺乏便利店的解决不便的商品（米饭、副食、炸货、关东煮、ATM、费用代缴、售票）

②缺乏百元店带给人的愉悦性（用30分钟发现了价值500日元东西的愉快感）

③缺乏迷你超市的食材（生鲜三品：蔬菜、精肉、鲜鱼）

④百元便利店的事业领域不够鲜明

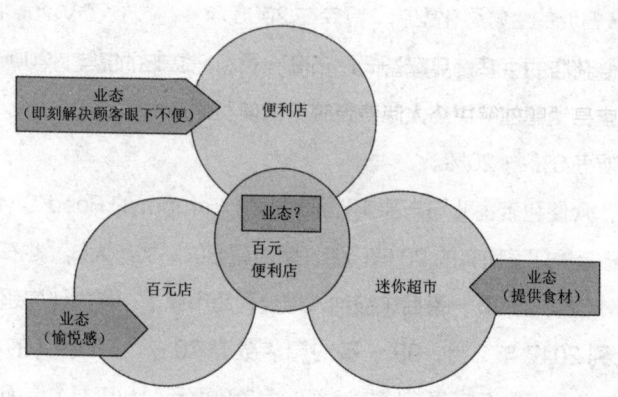

没能成功定位事业领域的百元便利店

百元便利店的新业态具备以下三个特点：一是便利店的便捷性、二是超市的生鲜商品配备、三是百元店的均100日元。可是，看似集优点于一身、面面兼顾往往会导致什么也没做好，定位不明确反而失去了特点，最终得不到顾客的支持。百元便利店期望同时将三个特点做到最好，最后却以失败而告终，就是最好的例子。

百元便利店号称拥有便利店的便捷性，但却没有"即刻解决顾客眼下不便"的实物商品以及服务型商品的主打——米饭、副食、炸货、关东煮、ATM、公共费用代缴、售票等,这是其致命的硬伤。

百元便利店模仿百元店的价格便宜、商品售价统一。但是,百元店所能吸引顾客的,并不仅仅是低廉的100日元统一售价,而是努力在顾客心目中营造"这么好的东西才卖100日元!?"的惊喜心理商业模式。"用30分钟发现了价值500日元的东西!"。也就是说,百元店是一种娱乐性生意。但是,由于食品行业竞争激烈,将食品统一定价百元来销售极难实现。最终的结果是二流厂家的"价低、质劣"商品太多,导致顾客在百元便利店购物时,很难体会到在百元店购物时的喜悦。

百元便利店的生鲜食品配备向超市看齐,想把超市的品类搬到便利店。但是,便利店是"即刻解决个人消费者眼下不便"的业态,而超市的业态是以家庭为单位,向顾客提供食材。百元便利店的生鲜食品配备多于标准型便利店固然不错,但如果跟超市比,还远不在同一个重量级。

综上所述,百元便利店希望吸收三种业态各自的优点,但最终却导致哪方面都没做到位,离最初的目标相去甚远。

3. 百元便利店无法扩展商圈

①扩展商圈是廉价业态的绝对条件。但是商圈扩大后,便捷性必然受影响

②消费者不会舍近求远,放着身边的标准型便利店不去,去更远的百元便利店。因此,百元便利店的商圈无法得到扩展

百元便利店是以低价格销售商品的店铺。换句话说,百元便利店是以低价吸引更多顾客前来消费的薄利多销模式。为了让更多顾客到店消费,必须扩大商圈。但是商圈扩大后,到店距离拉长了,反而造成了与"即刻解决顾客眼下

不便"之业态截然相左的尴尬现状。希望"即刻解决眼下不便"的顾客,不会舍近求远,他们一定会去距离更近的标准型便利店,而不是为了省几块钱去离得更远的百元便利店。商圈得不到扩大,销售额也无法提高,甚至无法与超低的毛利持平,薄利多销的商业模式最终走向失败。

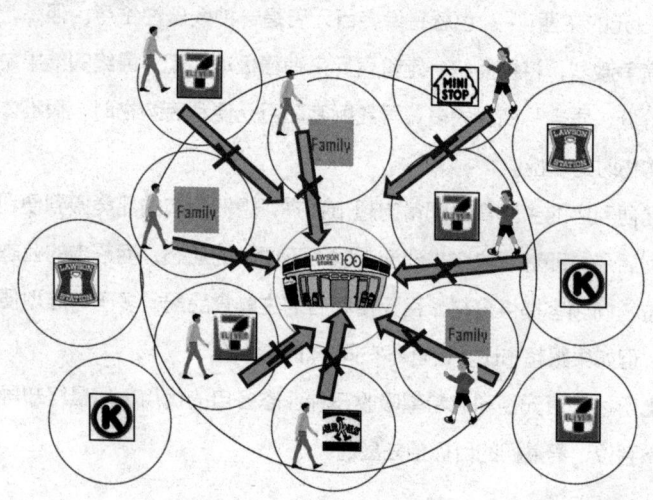

百元便利店无法扩展商圈

4. 各业态不同品类销售额构成比

① 99Plus(百元便利店)是生鲜·日配商品强化型便利店,但生鲜食品·日配食品的构成比较超市低

② Seria(百元店)几乎不出售毛利率较低的加工食品,主要出售可确保高毛利的杂货

③ 全家(便利店)为追求便捷性,香烟·服务商品类别的构成比较高

第 4 章 便利店的新业态开发

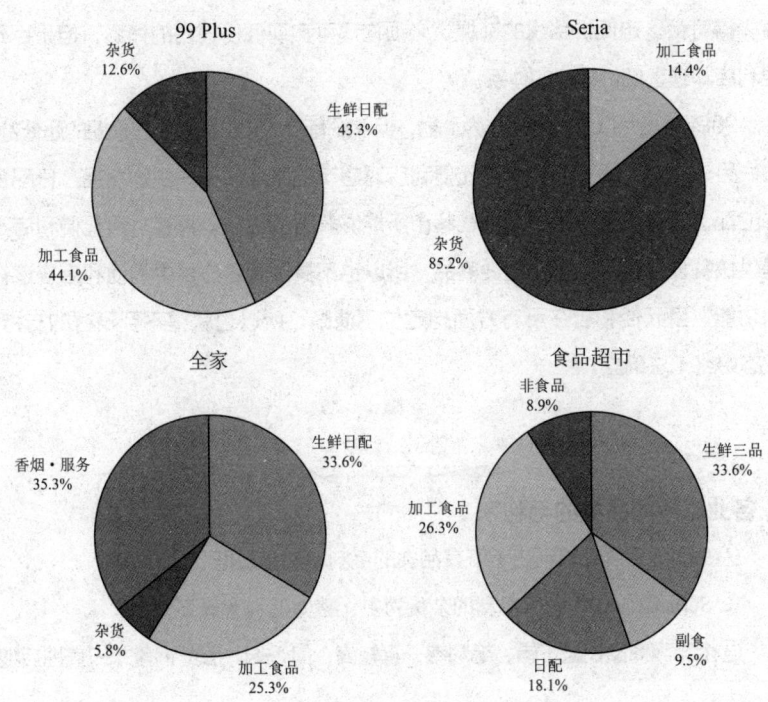

各业态不同品类销售额构成比

99Plus（百元便利店业态）是生鲜强化型的便利店。其生鲜食品·日配食品占比 43%，高于标准型便利店生鲜食品·日配食品的 33% 占比，但却远低于超市生鲜食品·日配食品的 60% 占比，故无法满足顾客对于超市生鲜食品·日配食品的需求度。

99Plus 以出售廉价食品为主。在食品行业，由于大型厂商之间的激烈竞争，导致商品的进货价格、出售价格都较低，这也必然导致毛利不会很高。然而，一般的百元店出售的商品大多以可确保毛利的杂货为主，毛利率较高。99Plus 的杂货构成比仅为 12%，对比百元店 Seria 的杂货构成占比 85%，简

便利店的企业战略

直少得可怜。走低价路线的前提是必须构建可实现低价销售的体系，但是百元便利店却缺乏低价销售的体系。

99Plus虽然以低价商品作为武器，但并没有带给超出顾客心理预期的超低价。

另外，对比超市而言，百元便利店对超市的生命线——生鲜食品·日配食品的配备偏弱，无法给予顾客在超市所能够获得的需求。再者，百元便利店不提供快餐食品和服务等便捷性商品，所以也不具备顾客心目中的便利店应该有的功能。百元便利店在所有方面均定位不清晰，所以也就得不到顾客的支持，业态始终无法确立。

5. 各业态不同品类的毛利率

① 99Plus（百元便利店）所有品类的毛利率都是最低

② Seria 以出售可确保毛利的杂货为主，整体毛利率最高

③ 全家因商品销量不错，毛利率一直较高，但香烟·服务销量却一直拖后腿

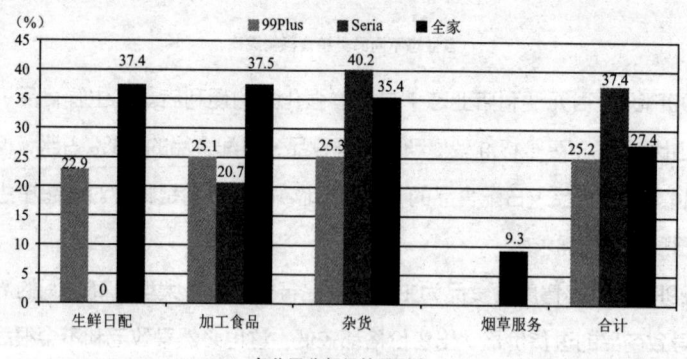

各公司分部门的毛利率

据日本各公司决算资料制作

第4章 便利店的新业态开发

百元便利店99Plus生鲜部门的毛利率仅为22.9%、加工食品毛利率仅为25.1%、杂货毛利率仅为25.3%,整体毛利率仅为25.2%。收益构造始终无法确立,作为商业模式是不成功的。

反观Seria(百元店),加工食品毛利率虽然仅为20.7%,但杂货的毛利率高达40.2%。另外,杂货的销售额构成比也很高,从而使得Seria(百元店)的整体毛利率达到34.7%。作为事业,Seria确保了足够的毛利率。

便利店全家的生鲜·日配食品的毛利率为37.4%、加工食品的毛利率为37.5%、杂货的毛利率为35.4%,都是比较高的,但烟草的毛利率较低,仅为9.3%,整体毛利率为27.%。7–11和罗森的平均毛利率均在31%以上。综上所述,各便利店企业均确保了较高的毛利率。

作为商业模式,确保必要的毛利率是事业成功的必须条件。但是,百元便利店却无法保证足够的毛利率。

6. 百元便利店和其他业态的经营业绩比较

让我们来比较一下百元便利店、标准型便利店和百元店三者的经营业绩。

日销售额:便利店7–11为65万7,000日元、百元便利店99Plus为42万1,000日元、百元店Seria为21万4,000日元。百元便利店由于走低价销售路线、以量取胜,日销售必须得超过便利店才行。但实际上,百元便利店的日销售额仅仅是便利店的30%以上。如此低的日销售额,说明百元便利店的业态根本行不通。

毛利率是仅次于日销售额保证利润的重要指标。7–11的毛利率为31.8%、99Plus的毛利率为26%、Seria的毛利率为39.1%。由此可见,百元便利店不仅销售额低,毛利率也不高,这就无法形成该商业模式的收益构造。

便利店的企业战略

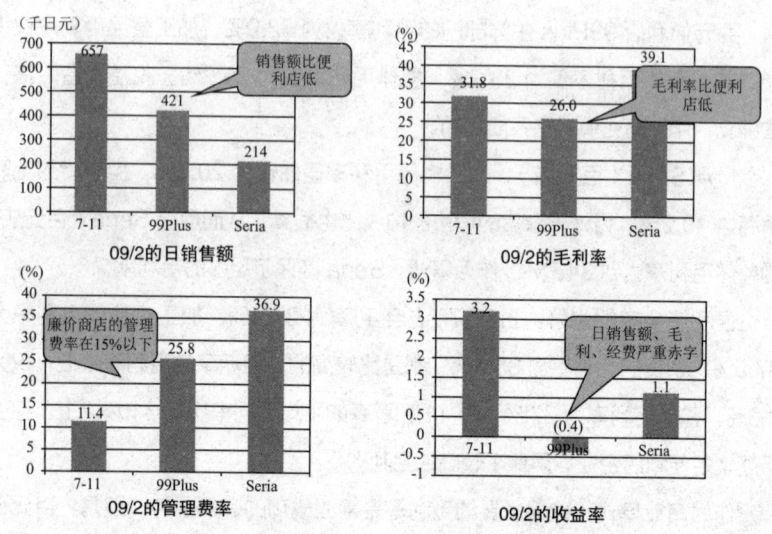

据日本各企业决算资料制作

管理费率是店铺运营效率的重要指标。便利店是总部和加盟店共同经营、共同承担投资和管理成本的商业模式。因此,便利店在保证高销售额的同时,又确保了低管理费率。99Plus 由于直营店较多,导致管理成本居高不下。7-11 的管理费率为 11.4%,而 99Plus 的管理费率高达 25.8%,Seria 的管理费率更高,为 36.8%。

在这里,毛利率和管理费率的差值显得尤为重要。即便管理费率高,但毛利率也高的话,就可以确保收益。

在日销售额、毛利率、管理费率三者关系的作用下,诞生了利润。从利润率来看,7-11 的利润率为 3.2%、99Plus 的利润率为 –0.4%、Seria 的利润率为 1.1%。

百元便利店的日销售额、毛利率、管理费率的收益模式无法确立,经营赤字。也就是说,百元便利店的业态根本是行不通的。

第 4 章 便利店的新业态开发

7. 廉价商店的经营业绩比较

①廉价业态的一般管理费必须保持在 15% 以下（99Plus 的一般管理费高达 25.3%）

② COSTCO 的一般管理费率低至 10.1%。为确保利润而征收会员费，会员费可以填补 2.2% 的管理费率。

③百元店 Seria 的总销售利润率高达 39.1%、99Plus 的总销售利润率仅为 25.5%

【百元便利店】
①必须确立业态
②必须构建保证利润的组织框架

沃尔玛

COSTCO

2015 年度	业态	销售总利润率（%）	一般管理费率（%）	会员费率（%）	营业利润率（%）
沃尔玛	廉价商店	24.6	20.3		4.3
家乐福	廉价商店	23.4	20.0		3.4
COSTCO	廉价商店	11.1	10.1	2.2	3.2
永旺	综合商超	27.0	34.7		−1.1
99Plus	百元便利店	25.5	25.3		0.2
7-11	便利店	16.8	11.4		5.6
罗森	便利店	16.1	13.2		2.8
Seria	百元店	39.1	36.9		2.2
优衣库	服装 SPA	48.8	38.9		6.9
NITORI	家具 SPA	54.2	37.5		11.7

廉价商店的营业业绩比较

便利店的廉价业态即为百元便利店。通常情况下，廉价商店的一般管理费率必须保持在 15% 以内。因为管理费率一旦超过 15%，就无法保证商品低价销售，也就不能称得上是廉价商店。

其他业态，比如沃尔玛平价超市的管理费率为 20.3%，远远高于廉价商店 15% 的管理费率。另外，沃尔玛的销售额受会员制仓储量贩店 COSTCO 和电商亚马逊压制，已久未见明显起色。COSTCO 是仓储型廉价商店，在彻底削减经费政策的实施下，管理费率降至 10.1%。仅从沃尔玛和 COSTCO 的卖场照片就能明白其中道理。沃尔玛的卖场是普通的卖场应该有的模样，而 COSTCO 的卖场则是大大的仓库。COSTCO 把仓库型门店的功能发挥到了极致，几乎把补货成本降到了极限。

COSTCO 的卖场仅仅是原因之一。更重要的是，COSTCO 已建立起廉价销售的体系，使得廉价销售变为现实。

Seria 是以出售确保较高毛利率的杂货为中心的商业模式、COSTCO 是彻底施行低成本化进行销售的商业模式。无论前者还是后者，都是在建立健全低价销售体系之后，才发展起事业的。而百元便利店没有建立低价销售体系，就算走低价销售路线，事业也不会成功。

8. 百元便利店和其他业态的成长演变

①百元店（Seria）的业态确立成功之后，开店顺利、利润扩大

②百元便利店（99Plus⇒Lawson Mart）的业态确立失败后，开店停滞、利润低迷

③作为迷你超市业态得以确立的后来者 My Basket 奋起直追、Lawson Mart 急速下滑

第4章　便利店的新业态开发

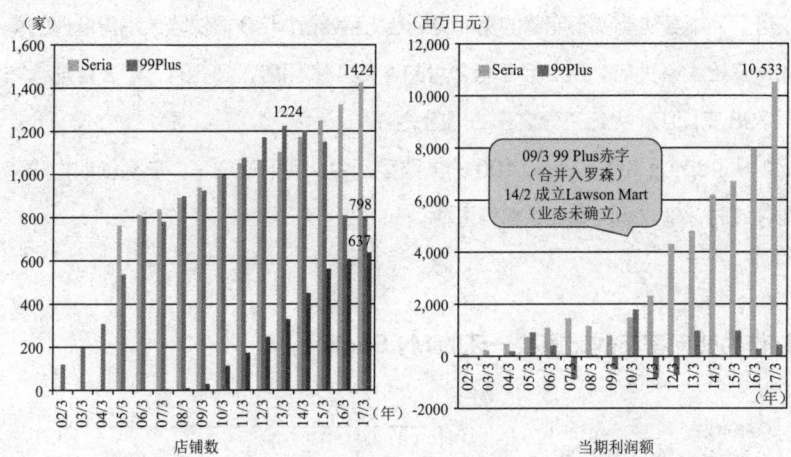

百元便利店和其他业态的成长演变

据日本各企业决算资料制作

成功确立盈利事业构造的百元店正加速开店，进一步扩展事业。截至2017年3月，Seria成功开店1,424家，利润顺利达到105亿日元。

百元便利店Lawson 100在始终没有确立盈利模式的前提下，一味追求规模效益，大肆开店。曾有一段时期，百元便利店的开店情况与Seria不相上下。但是，百元便利店无法确保利润。虽然到2013年2月，百元便利店的总门店数达到1,224家，但是作为事业来说，无疑是失败的。

再者，市中心地段通常没有面积开阔的场所。即便有，也要收取高额租金。超市无法在这样的地方开店，从而留下了空白区。百元便利店正是填补了这一空白。但是，身处超市空白地段的百元便利店，虽然不完全具备超市的功能，却一直在扮演着超市的替代者角色。永旺瞅准时机，在超市空白地区开办了迷你超市My Basket，门店数量在2017年顺利达到637家。另外，食品超市丸悦也在积极开设"微丸悦"门店，总门店数达到69家。在迷你超市的猛烈攻势下，本身功能就不完善的百元便利店 Lawson 100 很快陷入销售低迷的境地，开始大量关店。从 2013 年 2 月的 1,224 家门店，到 2017 年 2 月陆续减至 798 家门店，大约三分之一的门店关门。

从 99Plus 和 Lawson 100 的失败案例中，我们明白了：在初创期构建事业领域时，确立盈利模式是何等重要。

9. 作为转向都市战略重要一环的 My Basket

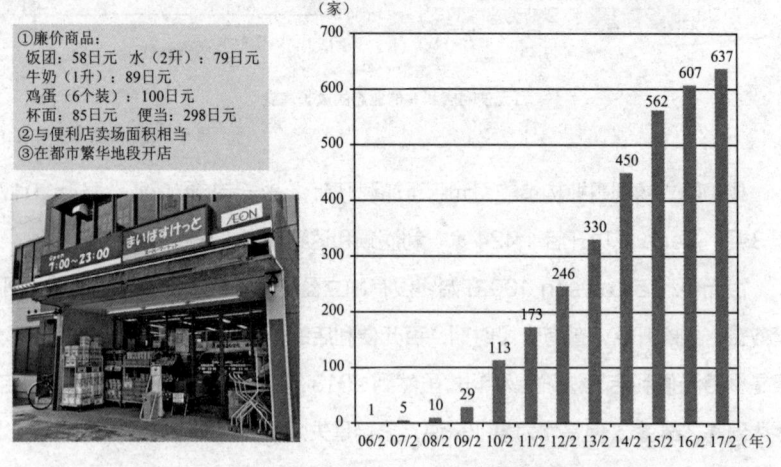

My Basket 的店铺数

永旺旗下的迷你超市 My Basket 定位于城市中心部的超市空白区，卖场面积在 150m² 左右。My Basket 将关店的便利店和迷你超市接手，原来店铺内的设施和物件可以马上投入使用。截止到 2017 年 2 月，My Basket 的总门店数达到 637 家，发展平稳。My Basket 的出现让 Lawson 100 毫无还手之力，开始大量关店。

第 4 章 便利店的新业态开发

永旺的战略是：一、转向亚洲；二、转向都市；三、转向老年群体；四、转向数字；五、商品强化。作为永旺五大战略之一的转向都市战略，永旺正积极推进市中心小型超市 My Basket 的发展。在永旺的大力支持下，My Basket 作为追求物美价廉的小型店铺，正在迅速填补市中心超市的空白地区。

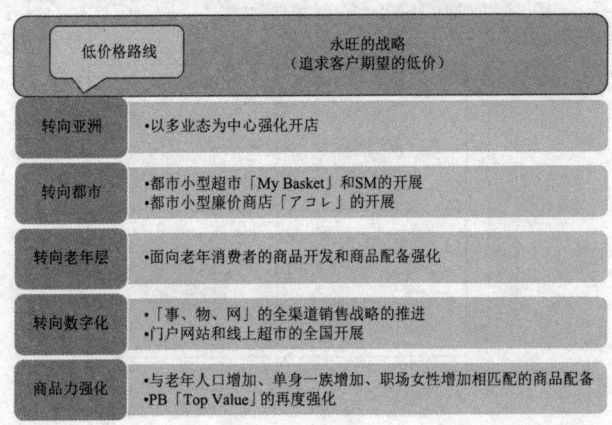

据永旺官方资料制作

My Basket 虽然不像百元便利店那样，商品售价均为 100 日元，但是 88 日元或 99 日元的低价格带商品也不少。另外，My Basket 还出售大量永旺自有品牌 Top Value 商品。因此，My Basket 的部分商品售价甚至低于百元便利店。比如饭团 58 日元、水（2 升）79 日元、牛奶（1 升）89 日元、鸡蛋（6 个装）100 日元、杯面 85 日元、便当 298 日元。由此不难看出，My Basket 在价格方面具备压倒性优势。而低价优势，正是 My Basket 和永旺协同合作效果的反映。除此之外，My Basket 的生鲜食品也比百元便利店多不少。以上就是 Lawson 100 不战而败的原因。

10. 事业领域不清晰的 Lawson 100

① Lawson 100 的商品售价不便宜、生鲜食品配备也不完善

② 永旺的都市型小型超市 My Basket 的商品售价便宜、生鲜三品配备完善

③ My Basket 与母公司永旺超市的协同效应明显

④ Lawson 100 在与 My Basket 的竞争中败北

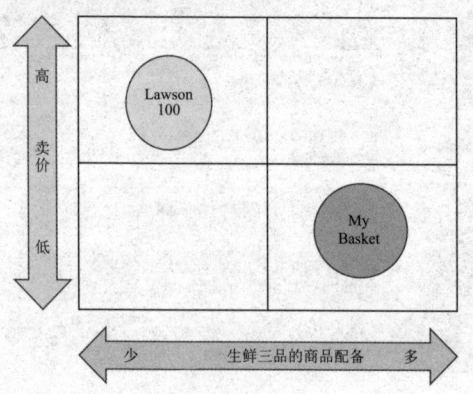

事业领域不清晰的 Lawson 100

上图是以商品售价作为纵轴、以生鲜三品的配备数量作为横轴制成的矩阵。通过该矩阵，可以一目了然地对 Lawson 100 和 My Basket 进行综合比较：Lawson 100 的商品售价高于 My Basket、且 Lawson 100 的生鲜三品配备没有 My Basket 完善。如果两者正面交锋的话，Lawson 100 毫无胜算可言。

11. 罗森低价格便利店的经营业绩

① 罗森在 2005 年 4 月开发了低价格店铺 Value Lawson

② 2009 年 5 月合并了 99Plus

第 4 章　便利店的新业态开发

③图表中最初是 99Plus 的销售业绩，后为 99Plus 和 Value Lawson（Lawson 100）合并后的整体经营业绩

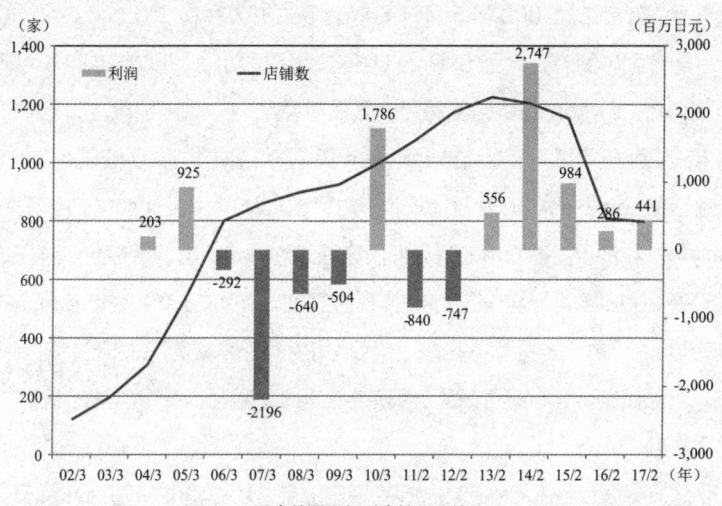

罗森的百元便利店销售业绩

据罗森决算资料制作

没有大型母公司背景的独立系 99Plus 成立于 1996 年。最初，99Plus 是作为杂货百元店的食品版百元店开业的，店内所有商品均售价 99 日元。此后，99Plus 顺利开了多家门店。2004 年 9 月，99Plus 在日本 JASDAQ OTC 市场[①]顺利上市。2005 年 3 月，99Plus 的门店数达到 444 家、总销售额达 720 亿日元、利润额 925 百万日元。在此之后，99Plus 开始在首都圈以外的地方城市开店。但是，地方城市并不像在首都圈那样有着超市空白区，最后以失败而告终。2007 年，99Plus 的门店数达到 653 家、销售额激增至 1,244 亿

---

① 日本 JASDAQ OTC 市场 (Japanese Over The Counter Market/Japan Association Of Securities Dealers Automated Quotation, JASDAQ) 是日本股市的二板市场，英文简称 JASDAQ，也称为店头市场、柜台交易市场。

日元，但利润却亏损了886百万日元。后来，99Plus的门店数虽然仍在不断增加，但是利润却始终无法恢复到最初水平。2008年1月，99Plus不得不与罗森进行业务合作。2009年5月，99Plus正式并入罗森。

另一方面，罗森在看到99Plus的业态取得成功后，于2005年4月开了名为Value Lawson的百元便利店。虽然收益结构一直未能确立，但仍一味地开店。2006年2月，Value Lawson仅有35家门店。到2007年2月，Value Lawson的门店数为80家，增长缓慢。此时，99Plus由于经营不善，向罗森寻求救济。罗森简单地认为如果店铺达到一定数量的话经营应该不成问题，于是2008年1月与99Plus进行业务合作，后来于2009年5月正式收购99Plus。但是，盈利模式不清晰，仅是门店数量的增多，并不能带来利润的增加。Value Lawson一直在黑字和赤字之间上下徘徊，好像总是在低空飞行，永远飞不起来似的。

不久，永旺也看上了都市内的超市空白地带，迷你超市My Basket开始积极开店，这导致超市功能原本就不足的Lawson100不得不大量关店。在还没确立收益结构和盈利模式的情况下不断开店，虽然收购了经营不善的99Plus，收益结构未有实质性进展，Lawson100恐已走向穷途末路。

12. 百元便利店的顾客年龄层
①标准便利店的主要顾客群体集中在20~30岁（20世纪90年代）
②百元便利店的主要顾客群体集中在40~50岁
③百元便利店获得了少子高龄化时代的主要客户群

第4章 便利店的新业态开发

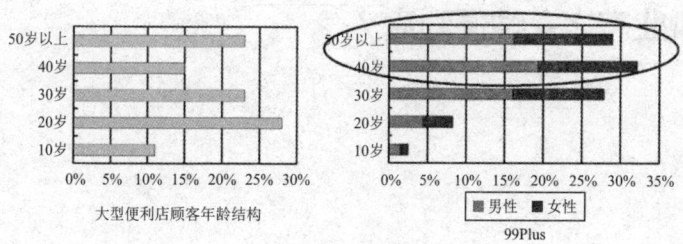

不同年龄层顾客的比较

据99Shop的决算说明资料制作

据99Plus官方资料显示，1990年标准型便利店的来店客户层构成比中，20～30岁的年轻人是主力军。但99Plus的来店顾客层构成比说明了，40～60岁的中老年人是主要顾客。

曾是年轻人店铺的便利店，为招徕40～60岁的中老年客户，采取的措施之一就是不追求价格便宜、统一定价的商品配备，而是大力开发自有品牌商品（PB）。采取措施之二是丰富了水果、蔬菜、副食、日配食品等商品的内容和种类，让消费者无须到距离更远的超市购买。此类商品的配备强化，不仅获得了老年顾客的支持，也成功吸纳了大批下班回家路上顺道买点食物的职场女性。因此，在1990年曾以20～30岁为主要客户群体的便利店，现如今将50岁以上的中老年人列为主要顾客。百元便利店虽然失败了，但是标准型便利店吸收了其商品配备的成功之处，成功扩大了客户层。

/新业态之女性便利店/

1. 女性便利店失败的原因

①由于配备的商品比较特殊，导致商品周转率低，最后许多商品未能在尝味期限内销售出去，不得不丢弃，损耗大

②仅有针对部分女性的商品，商品开发能力偏弱

③因为仅针对女性，客户群体受限

公司名	品牌名	理念	商品配备特点
罗森	Natural Lawson	提供美丽、健康、舒适的生活成长	健康商品、自然系化妆品、甜点
Circle K	Fork Talk	刚刚出炉的美味、快乐、便捷的商品配备，贴心的服务	女性用品、店内烹调、咖啡店
ampm	Papili	女性专属便利店	女性专属店（化妆品·百货·杂志）

面向女性的便利店也是新业态开发内容之一。2000年左右，现有便利店的来店客户层中，男性占70%、女性占30%。面向女性的便利店以开拓女性消费者市场为目标，开发出便利店新业态。

早在2001年，罗森以Natural Lawson为招牌，作为面向女性的便利店开始营业。Natural Lawson的宣传口号是"安全·安心·美味·健康"，出售商品以健康食品、自然系化妆品、甜点为主。但由于所售商品比较特殊，其市

场性较低，很多商品未能在尝味期内卖出去，最后只能当废弃处理。即便某些商品销路不错，但小微厂商无法确保供给，常常会出现断货的情况。

Circle K Sunkus 旗下的女性便利店 Fork Talk 具有店内烹调功能，以刚做出的新鲜美味招揽女性客户，零食、杂货类的商品丰富多样，深受女性青睐。

ampm 旗下的女性便利店力图打造"女性专属便利店"，不仅店员是女性，出售的商品全部为女性专用化妆品、杂货、杂志等，是完完全全的女性专用店铺。

2. Natural Lawson 的客户群体和事业领域

Natural Lawson 的主要对象顾客集中在 20～30 岁的年轻女性，来店客户数量是有限的。标准型便利店的女性消费者来店构成比较低，仅为 30% 左右。而新业态女性便利店的女性消费者来店构成比高达 60%。

但是，便利店的来店客户本来就是男性消费者居多，如果一味地配备女性商品，会此消彼长地导致男性商品相应减少，进而造成来店男性消费者变少的窘境。

另外，由于到女性便利店消费的大都是 20～30 岁的女性，所以门店只能开在年轻女性较多的大城市办公街区以及车站前。而标准型便利店可以在任何立地开店，追求多门店化。两者形成了鲜明的对比。

便利店的企业战略

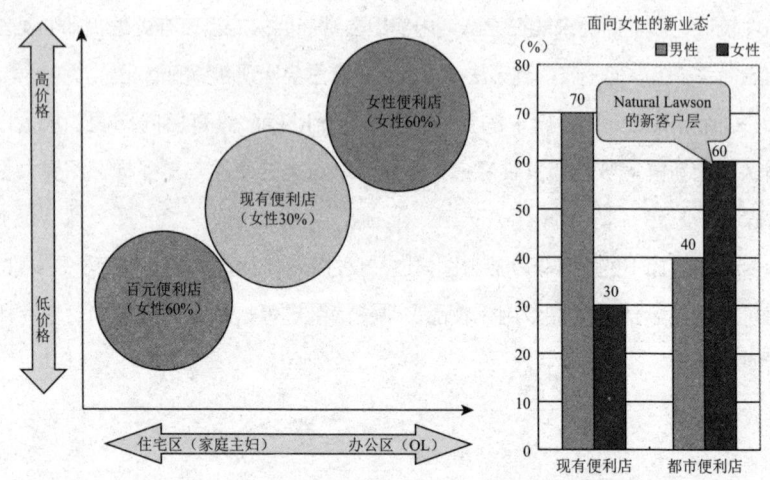

Natural Lawson 的客户群体和事业领域

就这样,女性便利店无论是客户阶层,还是开店立地都是受限的,其业态终究很难得到确立。

3. Natural Lawson 开店停滞

①年轻女性消费者是主力顾客,导致出店立地受限制

②Natural Lawson 标榜"安心·安全·美味·健康",为了和以往的标准型罗森便利店实现差异化,并没有选择供应力强的大型厂商合作,而是委托有特色的小型厂商进行生产,导致商品供应能力受限,成为多店铺开展的桎梏

新业态之女性便利店 Natural Lawson 在 2001 年开设了 1 号店。在 6 年后的 2007 年,门店数量由之前的 51 家增至 100 家。由于开店速度过猛,出

第4章 便利店的新业态开发

现了不少销售业绩不佳的门店。为整顿经营不善的店铺，Natural Lawson 在 2010 年之前将门店数减至 90 家。在这样的发展历程下，Natural Lawson 在创立 15 年后的 2016 年，门店数缓慢增至 141 家。

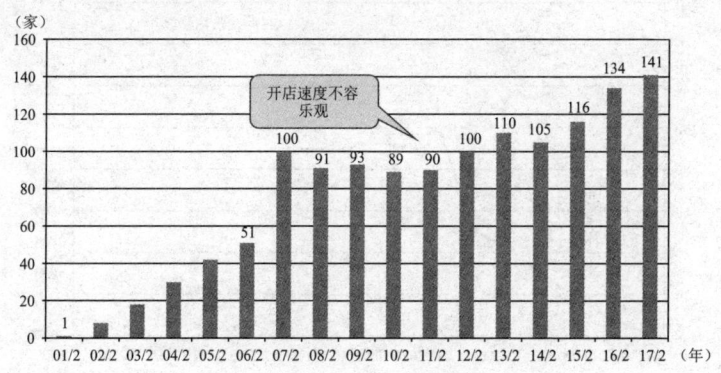

Natural Lawson 的门店数

据罗森决算资料制作

7-11 在创立 3 年后，门店数就达到 199 家，创立 15 年后门店数达到 3,653 家。罗森在创立 3 年后，门店数达到 202 家，创立 15 年后门店数达到 3,570 家。与 7-11 和罗森对比一下就会看出，Natural Lawson 的开店速度极其缓慢。这也说明了一个不争的事实：女性便利店的市场性极低。

4. 罗森女性便利店的经营业绩

①局限于大都市办公街区和车站前立地、以女性消费者为中心的业态，必然受立地和顾客约束

②"安心·安全·美味·健康"的商品过于小众，导致周转率低、商品废弃率高

便利店的企业战略

③决算内容不明确，推测为赤字（2005/2 期和 2006/2 期是罗森所公布的盈亏）

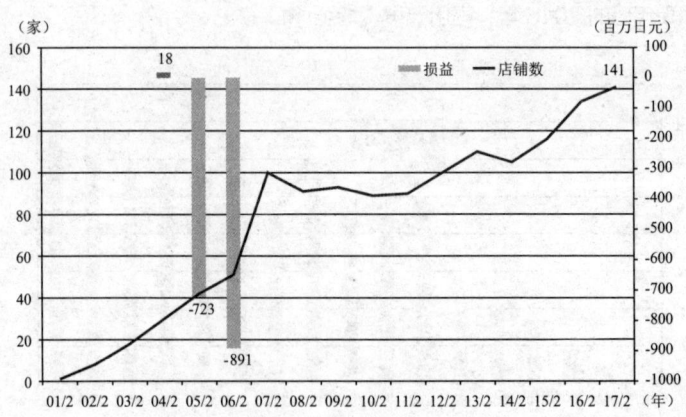

Natural Lawson 的营业业绩

据罗森决算资料制作

让我们来看一下新业态之女性便利店 Natural Lawson 的开店数变化和事业盈亏。

Natural Lawson 创立 5 年开店数达 100 家，创立 15 年后开店数仅为 141 家。2005 年度和 2006 年度 Natural Lawson 已并入罗森，后者发布的盈亏资料显示，2005 年度出现 772 百万日元赤字，2006 年度赤字进一步恶化，出现 891 百万日元的亏损。原因是 2006 年度的店铺数量由 2005 年度末的 51 家倍增至 100 家。由于大量开店导致投入了大量前期资金，再加上不良店铺的亏损，致使赤字额再度加大。Natural Lawson 在门店数达到 51 家时仍未确立店铺盈利模式，这就导致其越是开店越是亏损。这就是 Natural Lawson 在没有确立盈利模式的前提下，轻率开店造成的后果。轻率开店带来的不良影响在翌年很快显现出来，Natural Lawson 减少了 9 家门店。并且，在之后的 4 年内，

第4章 便利店的新业态开发

Natural Lawson 一直在对赤字门店进行清理,导致总门店数一直徘徊在 90 家左右。

开店速度过缓、无法摆脱赤字,都证明了这个事业的失败。除了罗森,Circle K 和 ampm 也都做了 1 家面向女性的实验店铺,最终发现难成气候,在 1 年后草草收场。

/新业态之店内烹调型便利店/

1. 提供现烤面包、现蒸米饭等现做商品

①以"现做、现烤、刚出锅"的美味赢得了一定程度的好评

②销售额无法与高额的店内烹饪设备投资相匹配

③从业人员须较长时间才能达到技术熟练

④虽然是中型便利店企业的差异化战略,但是大部分企业的投资效率低,以失败而告终(被大企业收购)

便当、饭团、三明治等便利店的主力商品从工厂生产到配送至门店大约耗时12个小时,牺牲了部分食品的美味性。而店内烹调型便利店则追求食品的美味性,实现了"现做、现烤、刚出锅"。Daily 山崎、CoCo、Everyone 等中等规模便利店纷纷将店内烹调型便利店作为与大型便利店企业竞争的差异化战略,并获得了顾客的高度评价。

但是,从事业方面来看,店内烹调型便利店是不成功的。为了能在店内烹饪,就要对店内烹饪设备、烹调场所进行巨大投资,而销售额却与高额的投资不成正比。便当·饭团·面包·三明治是"即刻解决顾客眼下不便"的代表性商品。因为把"解决不便"放在首位,所以在较大商圈内,很难保证顾客来店。也就是说,消费者不会从很远的地方特意赶来消费。来店顾客不多的话,就无法达成与高额投资相匹配的高销售额,事业也就无法取得成功。

第 4 章 便利店的新业态开发

类型	店名	母公司	设立时间	商品配备特点	营业状况
店内烹调型便利店	Daily Hot	Daily Hot	2000年12月开店	店内现做的米饭、现烤面包	并入山崎面包
	Everyone	Everyone	1994年11月开店	店内现做的米饭、现烤面包	并入全家
	CoCo	CoCo	1999年5月开店	店内现做的米饭、现烤面包	并入全家
	MINISTOP	MINISTOP	1980年开店	组合型店铺（提供冰激凌）	低迷
	Poplar	Poplar	1983年开店	店内现做米饭	并入罗森

烤面包卖场

米饭卖场

店内烹调型便利店

另一方面，便利店从业人员的流动性较高，大部分人最多三个月到半年就会离职。便利店利用 IT 技术，极端简化了作业内容，可以让新员工很快上手。店内烹调型便利店的从业人员对技能要求极高，短时间内无法成为熟练工。然而，对于人员流动性较高的便利店来说，留住熟练工是非常难的，这就导致店铺运营方面出现了很大的难题。

就这样，店内烹调型便利店虽然赢得了顾客的高度支持，但是作为事业无疑是失败的。中等规模便利店企业虽将店内料理作为与大型便利店企业竞争差异化战略引入，但却没有取得较大成果。便利店行业从成熟期进入衰退期后，设立店内烹调型便利店的中规模便利店企业，经营上陷入困局，陆续被大型便

便利店的企业战略

利店企业所吞并。

　　大型便利店企业没有像中型便利店企业那样，在投资店内烹调设备方面花大力气，而是花费少量投资添加了油炸机和咖啡机，在店内销售炸货和现磨咖啡，但却取得了喜人效果，销售额大幅提升。这可以看作是店内烹调的一种进化。

第4章　便利店的新业态开发

/新业态之混搭型便利店/

1. CD·书籍·杂志并列销售型便利店

①"即刻解决顾客眼下的不便"的便利店业态和CD·书籍·杂志混搭便利店之间无法产生协同效应

②CD·书籍·杂志卖场面积必须在330～600m²，这导致其多店铺化推进变得极其困难

类型	店名	母公司	设立时间	商品配备特点	营业状况
并设型	AP ENTER	ampm	2005年12月	CD·书籍并设店	拥有数家门店

书籍·杂志卖场

CD卖场

并列销售型便利店

在现有便利店内附设CD·书籍·杂志卖场，也是便利店的一种新业态。这也是曾经ampm作为"AP ENTER"积极推进的新业态。全家等便利店企业也在部分门店内试行过该新业态。

便利店的商业模式是"即刻解决顾客眼下的不便"，将便捷性放在首位。如此一来，其商圈必然是狭小的。商圈狭小决定其商品配备必须锁定超级易销

便利店的企业战略

品。而 CD·书籍·杂志卖场必须拥有丰富的商品配备才能获得高集客力。小商圈的便利店和大商圈的 CD·书籍·杂志卖场的商业模式始终无法达成统一。

另外，便利店的卖场面积在 100～120m^2，而 CD·书籍·杂志卖场的面积最少在 330～600m^2。如果没有达到 330m^2，就满足不了顾客对商品种类丰富性的要求。在现有便利店内设置如此大的卖场是不现实的。因此，即便在便利店内附设 CD·书籍·杂志卖场，也仅仅适合部分门店，作为一个支柱型事业是行不通的。

便利店事业是追求小型多店铺规模利润的商业模式。在部分便利店内附设 CD·书籍·杂志卖场，无法获取规模效益。规模效益无法保障，CD·书籍·杂志并列销售型便利店事业也就自然难以得到总部的大力支持。

2. 全家的跨行业合作门店

①与日本农协合作，在门店内丰富了蔬菜和水果卖场

②与 CD 店合作，在门店内附设 CD·书籍·杂志卖场

③与药妆店合作，在门店内附设医药品专架

④无论哪种，都难以在全部门店开展，仅在个别店铺与合作方进行业务合作

全家的跨行业合作门店

【农业协同组织合作店】
扩充果蔬卖场

【CD 店茑屋书店合作店】
并设 CD·书刊卖场

【药妆店合作店】
医药品卖场专柜化

第4章 便利店的新业态开发

全家积极推广跨行业合作门店。作为开店战略的一种，全家与跨行业企业合作，将其他行业的商品混搭入自家卖场，从而推进开店速度的提升。

在地方城市，全家选择与农协合作开店。由全家提供便利店技术，农协负责运营，在门店内设立农协的水果蔬菜卖场。合作开店是全家地方开店战略的一种，但仅仅适合部分门店。

全家还与CD企业合作，将全家便利店和CD企业的CD·书籍·杂志卖场结合起来开店。也就是在CD·书籍·杂志卖场内混搭便利店的开店战略，但也仅仅适合部分门店。

另外，全家与药妆店合作，在自家便利店内设立医药品销售许可商品专柜。虽然消费者非常希望能在便利店买到药品，但由于店铺内需要持医药品销售许可证的从业人员常驻，所以即便将便利店卖场的一部分划分为医药品专柜，销售额也无法达成预期。另外，持医药品销售许可证的从业人员人工费较高，这也导致多店铺开展受阻。

上述各跨行业合作门店受到商品供应、卖场面积、许可证等方方面面条件的制约，无法在全部门店进行推广。全家只能与合作方在个别门店展开业务合作，未能形成支柱性事业。

/ 新业态开发的成果 /

1. 市场规模与协同效应关系图

①百元便利店的市场规模大、但便捷度低

②女性便利店的便捷度尚属中等、但市场规模小

③店内烹调型便利店的便捷度高、但市场规模与投资相比过低

④混搭型便利店的市场规模、便捷度都很低

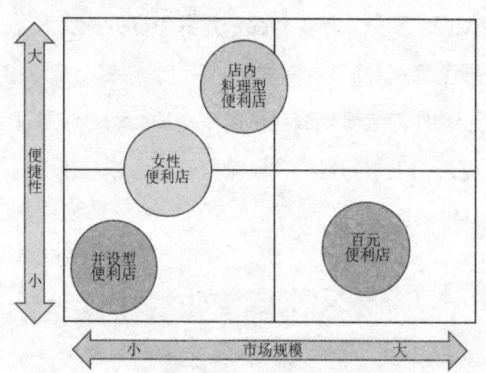

市场规模与协同效应关系图

让我们从新业态开发过程中所产生的各种业态成果的判断标准,即标准型便利店所具有的便捷性和市场性角度进行检验。

百元便利店的市场规模很大,但是便捷度却很低。百元便利店作为廉价商店,必须要扩大商圈,以吸引更多顾客前来消费。但是商圈扩大后,便捷性就

第4章 便利店的新业态开发

会受损,最终百元便利店未取得有效成果。

女性便利店的便捷度尚属中等,但仅锁定女性消费者,导致市场规模太小。并且,定位"安心·安全·美味·健康"的商品市场规模也很小,最终也未取得实质性成果。

店内烹调型便利店的便捷度很高,但是店内烹调设备的投资太大,如果要确保与投资相匹配的市场,必须扩大商圈,但这又会造成便捷性的减损,所以最后也未收获成果。

混搭型便利店已脱离了"即刻解决顾客眼下的不便"的便捷性。而且,在以便利店便捷性作为第一要素的狭小商圈内,始终无法获得与大面积卖场和大规模投资相匹配的更大的市场,故最后未取得任何成果。

2. 新业态开发的成果被标准型便利店吸收·强化

①百元便利店的百元商品被标准型便利店转化为价格亲民的 PB 商品

②生鲜便利店的蔬菜被标准型便利店转化为水果、半成品蔬菜;生鲜便利店的鲜鱼、肉馅,被标准型便利店转化为副食

③女性便利店的"安心·安全·美味·健康"商品被标准型便利店转化为健康食品和甜点

④店内烹调型便利店的"重装备"被标准型便利店转化为油炸机和现磨咖啡机等"轻装备"

新业态存在各种缺陷而未能成功。但是,新业态开发过程中所获取的商品开发成果却被标准型便利店吸收利用,为标准型便利店的销售额提升做出了巨大贡献。

便利店的企业战略

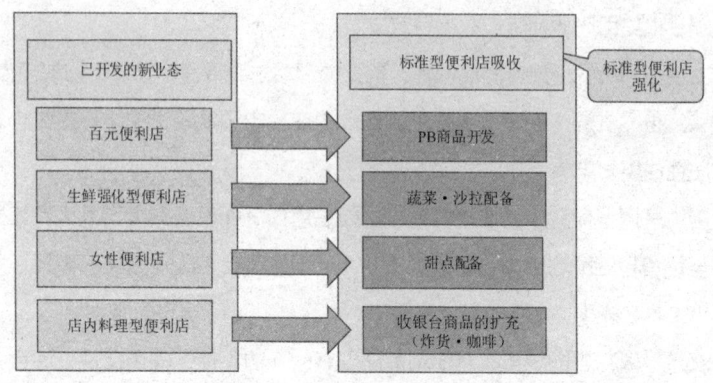

新业态开发的成果被标准型便利店吸收

一直没有插手新业态,而是静观其变的 7-11,成功地将其他便利店企业在新业态开发中的新商品引入到自家标准型便利店内销售,并取得可喜成果。

7-11 将百元便利店的百元商品,转化为自有品牌商品(PB)的开发,即 Seven Premium,不但在价格上实现了压倒性优势,还保证了毛利率。7-11 的 PB 商品开发也被其他便利店企业争相模仿,并使中老年消费者得到增加。

7-11 借鉴生鲜便利店内的商品,转化为对自家店铺内的水果、蔬菜半成品、副食、日配商品进行强化升级,连同自有品牌商品形成强劲攻势,成功夺取了部分超市市场。

7-11 又参考女性便利店的商品,开发出女性消费者支持率高的甜品,并将甜品卖场转移至岛形陈列柜,丰富了甜品内容。甜品卖场转移至岛形陈列柜之后,腾出原来的甜品货柜给了水果、蔬菜半成品、副食、日配商品,丰富了商品品类,从而吸引了更多的职场女性和中老年消费者。

7-11 吸取店内烹调型便利店的教训,没有对大型店内烹饪设备进行投资,而是花费少量投资,引入油炸机,丰富了油炸食品的种类,成功打入快餐食品市场。除此之外,7-11 还引入了自助式现磨咖啡机,既节省了店员的时间,又

第4章 便利店的新业态开发

打开了外带咖啡市场。另外，便利店在原有的包子、关东煮的基础上，大幅扩充了收银柜台商品的种类和数量，为标准型便利店的销售额提升做出了巨大贡献。

3. 7-11 和罗森的成果比较

①7-11将其他便利店企业业态开发的成果引入到自家标准型便利店，日销售额得到改善、市场占有率大幅提高

②罗森曾大力进行新业态开发，但由此导致经营资源分散，致使市场占有率回落

日本经济进入通货紧缩时代后，日本的零售产业总销售额从巅峰值递减了10年之多。从零售额整体来看，7-11的日销售额与日本零售业的轨迹同步，也连续15年持续低迷。但是，7-11没有参与新业态开发，反而一直在冷静观察其他便利店企业的新业态开发情况，并适时将新业态开发过程中取得的成果纳入自家标准型便利店，使得日销售额逐渐好转。

罗森和全家在此期间模仿7-11的商业模式，同时将新业态开发过程中出现的成果吸纳到自家标准型便利店，日销售逐渐提高。

但是，罗森由于最积极推进新业态开发，其开店能力被新业态开发所稀释，店铺数量久未增长。

曾是美国汽车企业第一名的通用公司为争夺高市场占有率，设立了涵盖从大型汽车到小型汽车的5事业本部制。但是，模仿通用设立5事业本部制的福特却失败了。福特的销售额远赶不上通用，设立5事业本部耗费了大量资金。同时，经过市场细分化后销售额降低，最终无法承受过剩投资，走向失败。

便利店的企业战略

日本便利店的新业态开发未能通过市场细分化达到预期销售额，也以失败而告终。作为便利店业界的王者，7-11自始至终坚持专注运营标准型便利店走向成功，而第二名以下的便利店企业将精力放在新业态的开发上，触碰了市场细分化禁区，最后落得失败的结局。

第4章 便利店的新业态开发

/新业态开发今后的方向/

1. 日本社会动向的应对

　　①单个家庭人数　　2015年　　2.3人
　　②零售店铺数量　　2014年　　100万家
　　③女性就业率　　　2015年　　65%
　　④中食市场规模　　2015年　　9.6万亿日元

　　日本的总人口数在2009年达到顶峰，大约有1亿2800万人。此后，日本人口逐年减少，少子老龄化时代到来，各个方面都进入社会转换期。

　　伴随着人口构成的变化，单个家庭的人口数也降低，2005年减至2.3人。并且，独居人口逐渐增多。这对于将"即刻解决个体顾客眼下的不便"作为商业模式的便利店来说，是绝佳的机会。

　　零售店铺在巅峰期时共有140万家，现在减至不到100万家。这是由于人口减少、人口老龄化导致销售额减少，以及便利店和大型零售企业的猛烈攻势所造成的。今后，零售店铺数将会继续减少。这对于扮演替代者角色的便利店来说，同样也是一个绝佳的契机。

　　在通货紧缩时代，家庭收入所得长期不见增长。于是，家庭主妇们纷纷外出工作以补贴家用，专职主妇减少，职业主妇增多。2015年，日本女性的就业率达到65%。女性就业率大幅提高，对于便利店来说，这是为职场女性提供晚

便利店的企业战略

餐半成品、副食的大好机会。

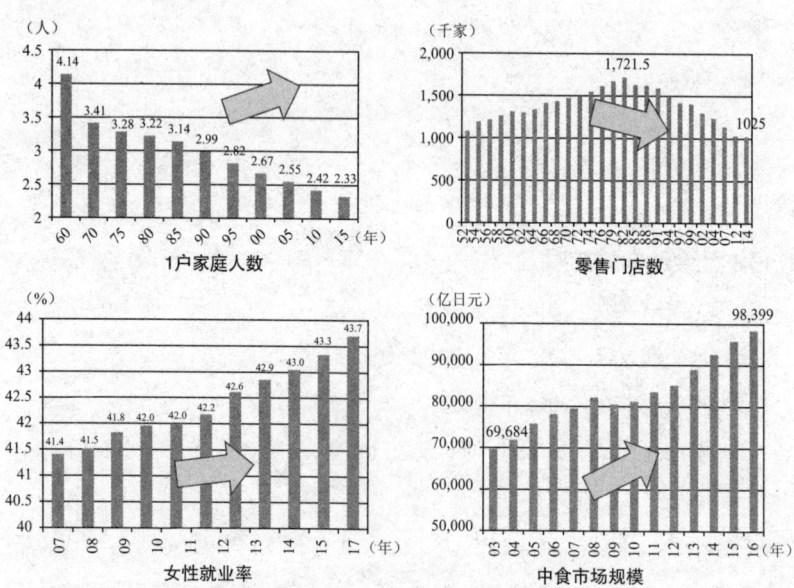

职场女性增加，促使外带中食市场扩大。2015年，中食市场规模扩大至9.6万亿日元。这对致力于开拓中食市场的便利店来说，也是发展良机。

综上所述，便利店如果成功地抓住日本社会变迁的发展机遇，那么，目前严峻的商业环境将会得到改善。日销售额一旦低迷，对于便利店穷途末路的流言便会甚嚣尘上。在过去，曾有过多次这样的例子。但是每当此时，便利店业界就会通过新商品开发或新商品配备的途径来提高日销售额，让一切流言都灰飞烟灭。今天的少子老龄化时代，对于便利店来说，既是威胁，同样也是机遇。

第4章 便利店的新业态开发

2. 无人商店（自动售货机店）

全家的自动售货机便利店

①台数：2010年合并ampm后，接手了750台自动售货机，2017年7月达到2,118台

②放置场所：主要放置于办公楼内

③营业：24小时营业

④商品配备：饮料·点心·面包·饭团·便当等

⑤配送：每天一次

⑥商圈：在办公楼内的员工食堂以及车站内等狭小商圈开店（放置）

车站内的自动售货机

写字楼内的自动售货机

无人商店

无人商店（自动售货机店）是新业态开发今后的方向之一。便利店不是为了让顾客专程到店里来购物，而是"把店开到顾客身边"的业态。而"把店开到顾客身边"的终极形态就是自动售货机形式的无人商店。无人售货机可以安放在便利店进不去的写字楼内的员工食堂、车站等狭小商圈内，真真正正地做

便利店的企业战略

到"把店铺开到顾客身边"。

说起自动售货机，人们首先想到的会是饮料厂家的自动售货机。但是，饮料厂家的自动售货机只卖饮料，而便利店的自动售货机除了卖饮料外，还售卖点心、面包、饭团、便当等食品。虽然比较小，但却能"立即解决眼前的不便"。当然，它也是 24 小时营业的。并且，面包、饭团、便当等商品只需每天一次性配送、补足即可。

对自动售货机进行大力推广的便利店企业是全家。最初，ampm 在市场上投放了 750 台自动售货机。全家收购 ampm 后，接手了 ampm 的自动售货机事业并积极推进，仅仅用了几年时间，就将自动售货机数量翻了三倍，2017 年 7 月达到 2,118 台。7–11 和罗森也跟随全家的脚步，陆续将大量自动售货机安置在写字楼内的员工食堂、车站等场所。

点心生产商格力高高喊"办公室格力高"的口号，以办公室为主要阵地，不遗余力地将各种零食卖给公司员工。但是，格力高并没有依托自动售货机来进行销售，而是借用了一种始于日本江户时代、人称"寄卖药"的传统销售模式。格力高把盛有各类零食的保管箱放在办公室，当员工因加班等原因感到饥饿时，只需投放 100 日元，就可以从保管箱里取出点心吃。格力高的营业员每周来检查一到两次，补足储存盒内的点心，取走货款。这种销售形态是完全建立在相互信赖的基础上。

不管是自动售货机还是保管箱，其目的都是为了给公司员工提供方便，节省下他们离开公司外出购物的时间，是"即刻解决顾客眼下的不便"的销售形态。

第 4 章　便利店的新业态开发

3. 无人商店（自动售货机店）在日本的变迁

①随着便利店数量的增加，自动售货机的营业额下降

◇ 2002 年度，自动售货机和便利店的销售额都将近 7 万亿日元

◇ 2016 年度，自动售货机的销售额减少至 4 万 7,000 亿日元，便利店的销售额则增加至 11 万 4,000 亿日元

②自动售货机便利店的未来走向

◇从原来以售卖饮料为主，转变为销售点心、面包、便当、饭团等各式各样的食品，商品配备才是转型的关键

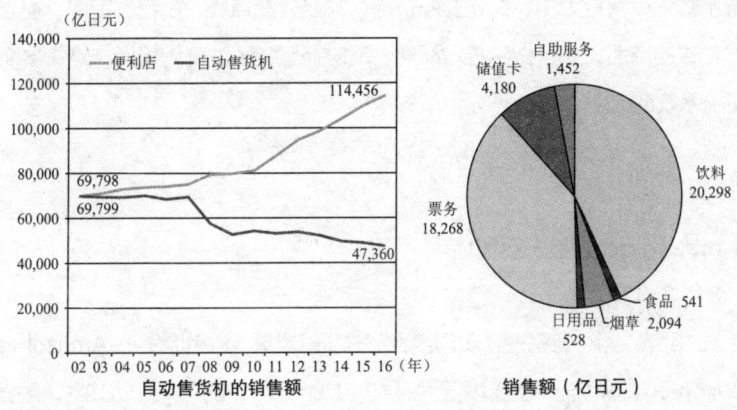

据日本经济产业省和自动售货机协会资料制作

2015 年，自动售货机的销售额构成比大致为：饮料等商品销售与票务、充值卡等服务类商品的销售额均超过 2 万 3,000 亿日元，平分秋色。商品销售中，饮料占绝大部分，销售额达 2 万亿日元。

2002 年，便利店和自动售货机整年的销售额均接近 7 万亿日元。到 2016 年，便利店的销售额高达 11 万 4,000 亿日元，增加了 60%。自动售货机的销售额反而减少了 30% 多，只有 4 万 7,000 亿日元。究其原因有二：一、便利

店数量急剧增多，抢占了自动售货机的部分市场。二、2008年，日本政府为限制未满20周岁的年轻人吸烟，颁布实施了烟民识别卡（Taspo卡）制度。人们只有刷一下身份证明才能在自动售货机上购买香烟。Taspo卡的推广，使自动售货机的香烟销售额骤减一万多亿日元。这些减少的销售额都流向了无须识别身份就可以购买香烟的便利店。现在，自动售货机的香烟销售额仅有2千亿日元。而另一方面，便利店的香烟销售额增加了50%左右，在便利店的总销售额中，香烟销售额占了近四分之一。

今后，便利店在大力推广自动售货机时，为了全面"解决眼前的不便"，备货不能只以饮料为主，而是要配备除饮料以外的点心、面包、饭团、便当等各式各样的商品，并且做到每日配送，及时补足货源。毫无疑问，这需要高效率物流系统的支撑。

4. Amazon go（无人便利店）

2018年1月，亚马逊在美国西雅图开了一家无人便利店——Amazon go。Amazon go的卖场面积比普通便利店的120m²大了将近一倍。进店时，顾客需要凭借手机上下载的二维码扫码进店。卖场内的天花板上安装了130台智能摄像机，顾客只需要把商品放在摄像头下面扫描一下，价格就会自动显示在手机屏幕上。结账时无须到柜台，摄像机会根据顾客取走的货品自动计算出总额。亚马逊计划以这家店铺作为试验田，在未来的几年内连续开设多家相同的无人便利店。

中国的苏宁易购超市在2017年开了5家无人便利店。苏宁易购的目标是在几年内，开设100家无人便利店。IT企业腾讯也于2018年1月在上海开了类似的体验店。

第 4 章　便利店的新业态开发

【Amazon go（无人便利店）】
① 开店日　2018 年 1 月 23 日、西雅图（开店前已试运营 1 年）
② 卖场　　170m²
③ 进店　　手机下载二维码扫码进店
④ 结账　　天花板 AI 摄像头（130 台）扫描结算（无结账柜台）
⑤ 营业员　无收银员，仅有负责补货的工作人员
⑥ 今后　　在 1 号店的经验基础上，最早 2 年、最晚 5 年开起多家门店

店门

卖场

【中国的无人便利店】
① 苏宁易购（超市）
2017 年开了 5 家店，目标在不久的将来开设 100 家门店
② 腾讯（IT 企业）
2018 年 1 月，在上海开了第一家无人商店（2 天内客流量达到 3 万人）

Amazon go

无人便利店虽然刚刚作为试验投入，但许多企业都希冀以此为开端，在短时间内开设多家无人便利店。无人便利店并没有改变便利店的业态。它的出现，大大节约了柜台收银的人工费，结算精简化，减少了顾客的等待时间、消除了顾客的不满。但除柜台业务以外的补货、备货等工作仍需要人工来完成。

说句题外话，QR 码是在 1994 年由日本丰田汽车子公司、零部件供应商"DENSO"（电装株式会社）研发出来的，并在 2000 年被定为国际统一规格。QR 是英文 Quick Response 的缩写，它是一种二维码。原有的条形码是一维码，只有 20 个英文字母，而二维码包含 4,396 个字母。所以，二维码在实际

应用过程中，比一维码多出 200 倍以上的信息。

手机二维码的运用，让手机的功能变得更加强大，也给人们的生活带来了极大的方便。

5. 全渠道零售（线上与线下结合）

①2011 年，梅西百货首次引入全渠道零售。之后，在亚马逊猛烈的线上销售攻势下节节败退

②在移动互联网时代，零售企业的商业思维由"卖什么、卖给谁"向"让谁来买、怎么买"转变

③全渠道零售的出现，虽然使零售方式发生了巨大的转变。但是，如果无法提供能勾起顾客购买欲的商品，仍然无济于事

④7&i 由原来的封闭型平台转型为与爱速客乐合作的开放型平台

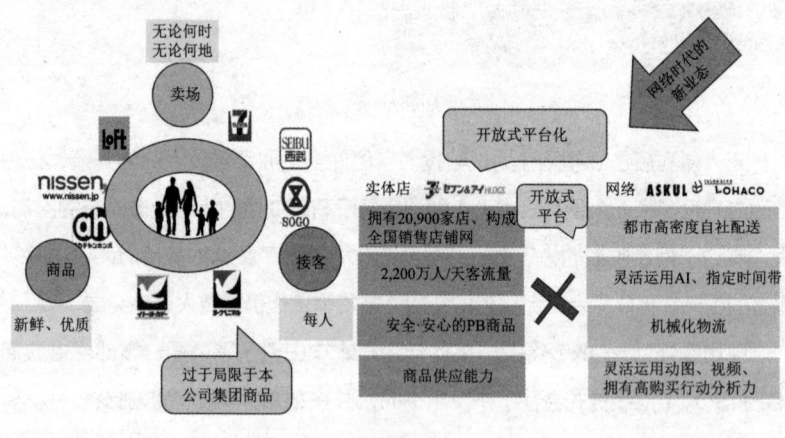

全渠道零售

据 7&i 官方资料制作

第 4 章 便利店的新业态开发

面对来势汹汹的无店铺网络营销，现有的实体店铺销售应该做出怎样的应对呢？

美国的梅西百货商店在 2011 年首次提出"全渠道零售"的概念，将线上销售与线下销售相结合，并取得了成功。但不久，还是在亚马逊的强大攻势下败下阵来。

在日本，7&i 控股集团借鉴梅西百货的做法，于 2015 年，将集团下的百货商店、专卖店、综合商超、食品超市、便利店等共计 1 万 7,000 家不同形态的实体店铺与线上联动，构建了线上购物平台"Omni7"。

但是，2016 年 Omni7 的实际营业额只有 976 亿日元，相较之前提出的一万亿日元的目标，可谓差之千里。Omni7 失败的原因之一，在于太过局限于集团内部商品，与亚马逊和乐天线上销售的两亿个商品品类相比，Omni7 的 380 万个商品品类实在相去甚远。

导致其失败的第二个原因是 7&i 太拘泥于集团内的封闭性平台，导致面向更多企业的开放式平台推出太慢。为了获取电商和开放式平台的运营经验，2017 年 7 月，7&i 控股集团宣布与爱速客乐合作。合作的目的是把电商化程度较低但却是顾客最需要的生鲜市场并入到"Omni7"中去。生鲜商品是人们每天都会购买的商品。据统计市场规模约 15 万亿日元。如果能占领生鲜市场的话，必将同时获得大量来自消费者的加工食品与日常用品的订单。

另一方面，强大的亚马逊不仅统治了线上销售，还从线上向线下发展。2017 年 8 月收购了"whole foods market"（美国全食超市公司），进一步强化了实体店的实力。

今后，实体店会进一步挖掘线上销售的渠道，而网络销售则会落实到实体店，它们之间将会围绕着商业模式展开一系列竞争。但无论哪一种商业模式，谁能够获得更多顾客的支持，谁才能够取得这场战争的胜利。

6. 从现有业态转向新业态

日本的便利店正处于从成熟期向衰退期转变的阶段。如果不想过早进入衰退期，就必须开发新商品与新服务内容，提高日营业额（每个店铺平均每天的销售额）。在过去，便利店曾多次被质疑是强弩之末。但每次，便利店都通过开发出新的商品和服务从而重获新生。当前，便利店应投入开发新商品和服务，以应对日益加速的老龄化社会，这也是便利店明哲保身的续命之策。

便利店业态的强化策略我们姑且不论。对于企业来说，提前做好新业态转型的准备很重要，哪怕便利店现有业态寿终正寝，企业也能得以存续。在开发新业态时，充分运用构建旧业态过程中获取的经验技能，发挥协同效应才是成功的关键。其具体应对措施如下。

一、灵活运用平台的商业模式。文具商普乐士模仿便利店的系统平台，在文具界开拓出了新的市场。便利店企业也可以反思，是否能够将便利店的平台优势运用到其他行业中去？

二、把日本传统的销售模式——"上门服务"变得更加现代化。传统意义上的"上门服务"，是辗转于各家各户询问需求、代下订单、配送货品的商业形态。现代化超市具有"自助交易，现金支付，打包带走"的商业特点，与传统的"上门服务"模式完全相反，并取得了成功。在当今的老龄化时代，可以考虑开发出让传统的"上门服务"为老年消费者服务而"复活"的商业模式。当然，在信息化社会的今天，"上门服务"也必须更加现代化。

三、有效利用"开在顾客身边"的数万家 24 小时便利店，做到店铺销售与网络销售的有效结合。仅靠店铺销售来解决顾客眼下不便是很难的。而单靠网络销售来解决顾客眼下不便，也并不容易。只有很好地融合店铺销售和网络

第 4 章 便利店的新业态开发

销售的企业,才会成为下一个时代的零售业王者。

眼下,日本便利店走到了既要强化现有业态,又必须开发新业态的关口。两者同样重要。只有能适应巨大变革的企业,才能柳暗花明,继续前行。

后 记

此次，在维度智华管理顾问（北京）有限公司乐明总经理的大力举荐下，终于得到了出版"便利店商业战略"的机会。日前，该系列丛书第一部《便利店的企业战略》即将出版。

中国的便利店正由导入期步入成长期。日本的便利店经过无数次磨炼和考验，已完全脱离美国模板，开发出日本独有的业态。同样，中国便利店的发展历程也注定不会一帆风顺，今后必定会面临种种困难。我希望，中国的便利店在面对困难时，不要轻易模仿美国和日本，而是真正创造出中国特色的便利店业态，这样才能渡过重重难关。

现在，中国的便利店市场规模大概在 2 万亿日元左右。我坚信，中国便利店市场潜力无限，至少还有 60 倍之多、也就是 127 万亿日元的市场等待着耕耘者们去开发。只有不盲目模仿美国和日本，开发出具有中国特色的便利店业态，才能享有这一庞大的现象级市场。如果拙作"便利店商业战略"系列丛书能够为中国的便利店事业提供一点点帮助，鄙人将深感欣慰。

最后，值"便利店商业战略"丛书第一部《便利店的企业战略》出版之际，首先要感谢维度智华管理顾问（北京）有限公司乐明总经理的大力支持，她也向我提出了许多宝贵的意见。同时，承蒙王萌女士与旅游教育出版社的多方协调，促成本书出版。受到大家诸多照顾，不胜感激。值此拙作出版之际，再次向大家的倾力相助表示由衷的感谢。

白井宪治

2018 年 3 月

北京市版权局著作权合同登记图字：01-2018-4222 号

责任编辑：陈凤玲

图书在版编目（CIP）数据

便利店的企业战略 /（日）白井宪治著 ; 智乐零售商学院策划组译. -- 北京：旅游教育出版社, 2018.8
（便利店商业战略）
ISBN 978-7-5637-3778-9

Ⅰ. ①便… Ⅱ. ①白… ②智… Ⅲ. ①零售商业－商业企业管理－经验－日本 Ⅳ. ①F733.134.2

中国版本图书馆CIP数据核字(2018)第166461号

便利店的企业战略

（日）白井宪治 著

智乐零售商学院策划组 译

乐明 审订

出版单位	旅游教育出版社
地　　址	北京市朝阳区定福庄南里1号
邮　　编	100024
发行电话	（010）65778403　65728372　65767462（传真）
本社网址	www.tepcb.com
E - mail	tepfx@163.com
排版单位	北京旅教文化传播有限公司
印刷单位	天津雅泽印刷有限公司
经销单位	新华书店
开　　本	880 毫米 × 1230 毫米　1/32
印　　张	7.25
字　　数	162 千字
版　　次	2018 年 8 月第 1 版
印　　次	2018 年 8 月第 1 次印刷
定　　价	42.00 元

（图书如有装订差错请与发行部联系）